2015年厦门文化改革发展蓝皮书

XIAMEN WENHUA GAIGE FAZHAN LANPISHU

主　编　黄鹤麟

副主编　戴志望

厦门大学出版社　国家一级出版社
XIAMEN UNIVERSITY PRESS　全国百佳图书出版单位

2015年

厦门文化改革发展蓝皮书

XIAMEN WENHUA GAIGE FAZHAN LANPISHU

编委会

主　任：叶重耕

副主任：国桂荣

编　委：张　萍　黄鹤麟　徐国庆　李泉佃

　　　　林朝晖　上官军　封斌林　罗才福

　　　　林进川　周　旻　林　起　陈宝安

厦门大学出版社　国家一级出版社
XIAMEN UNIVERSITY PRESS　全国百佳图书出版单位

目　录

专题论述

调研报告

蓝皮书

政策措施

大事记

统计资料

蓝皮书

Zhuanti
Lunshu

专题论述

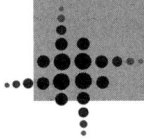

文化和创新

——在全省宣传部长会议上的发言

◎ 叶重耕

2013 年,厦门市宣传思想文化工作是在服务大局、服务发展中,不断改进、不断提升的一年。

主要有三大亮点:一是学习宣传党的十八大和十八届三中全会精神形成了强大声势,凝聚起加快发展的正能量。以学习宣传党的十八大精神为主线,以学习型党组织建设为载体,广泛组织开展宣讲宣传,不断筑牢马克思主义在意识形态领域的指导地位和全党全国人民团结奋斗的共同思想基础。

二是充分挖掘典型,精心组织策划,营造了美丽厦门共同缔造的良好氛围。把美丽厦门共同缔造与群众路线教育实践活动的宣传结合起来,充分报道群众积极参与"美丽厦门"共同缔造的生动实践,充分报道好市委市政府问计于民、实施惠民的有力举措,由此也引发了中央主流媒体对厦门典型经验的高度关注。人民日报、新华社、中央电视台等多家中央主流媒体分别在头版和《新闻联播》进行了正面报道。

三是有效应对突发事件,体现了宣传思想战线的作为和担当。在台风暴雨内涝等自然灾害和公共安全突发事件的处置过程中,厦门市宣传思想系统各部门能坚守岗位,旗帜鲜明,主动开展有序有力有效的舆论引导,较好地把握了时、度、效。

2014 年,对厦门来说是全面深化改革、建设美丽厦门的开局

蓝皮书

之年,也是完成十二五规划的关键一年。中央已经对宣传思想工作的形势作了明确的判断,并对宣传思想文化工作作出了具体部署,按照市委的统一部署,我们将在3月初召开全市宣传思想工作会议,进一步学习贯彻全国全省宣传思想工作会议精神和宣传部长会议精神,并对2014年工作任务进行分解,明确责任,限时完成。

2014年着重做好八个方面的工作。

一、坚定理想信念,打牢全市人民团结奋斗的共同思想基础。深入开展中国特色社会主义和中国梦宣传教育,认真贯彻落实《中宣部关于马克思主义理论研究和建设工程实施情况和下一步工作的意见》,以领导干部、知识分子、青年学生为重点,以党校、高校、讲师团等为主要阵地,重点抓好各级党委理论中心组的学习,学习好习近平总书记系列重要讲话、十八届三中全会精神、市委十一届六次全会精神等,巩固马克思主义在意识形态领域的指导地位。积极探索各级中心组学习的选题方式、授课形式的创新来提高学习的针对性和实效性。

二、服务工作大局,切实提高舆论引导能力和水平。深入宣传好我市全面深化改革、建设美丽厦门的新进展新实效,把全会精神和美丽厦门战略规划讲全、讲透、讲实、讲好。努力改进和创新宣传方式,在充分利用党报、都市报、广播电视等传统媒体宣传的基础上,积极导入现代信息化手段,构筑起全方位、多角度、立体式的宣传格局,形成正面宣传的大合唱。积极探索舆论引导协调合作机制,处理好各部门宣传报道中共性与个性、日常工作与突发事件的关系,又能充分发挥统筹协调、正面宣传引导的大宣传格局的作用。

三、强化政治责任,切实加强意识形态领域的引导和管理。认真做好工人、农民、知识分子、青年学生及外来务工人员、"两新"组织人员等重点人群的思想政治工作,加强对全市各类媒体、研究机构、高校课堂、讲座论坛、出版物、报告会等阵地的有效管理,加强对社会舆情、网络舆情及涉厦舆情的分析研判,绝不给错误思想言论提供传播渠道,维护社会的安定稳定。

四、提升道德素质,着力培育和践行社会主义核心价值观。认真落实中办《关于培育和践行社会主义核心价值观的意见》,推进诚信建设制度化、志愿服务制度化。认真组织参评第十三届精神文明建设"五个一工程"和第四届全国文明城市、文明村镇、文明单位的评选工作。

五、加强网络管理,推动我市网络管理体系大建设。认真贯彻落实《互联网信息服务管理办法》,全面推进实名制,规范市场准入。完善互联网管理体制和管理机制,加快推进厦门市网络宣传管理的"1221"工程,构建网格化网络宣传管理工作格局和立体式网络舆论引导工作系统。实施"网军建设工程",重点抓好应急、网宣、网评、网管、网研、技术六支队伍的建设与管理。

六、创新文化体制机制,推动全市文化进一步繁荣发展。认真落实中央即将出台的《深化文化体制改革实施方案》,加快推进全市文化行政管理部门职能转变、文化事业单位分类改革、转制文化企业建立现代企业制度等工作。推动厦门市专业文艺院团内部运营和管理机制创新,激发全市文艺界的创作活力,精心打造一批具有闽南特色、时代特点、艺术高度的艺术精品。

七、唱响厦门好声音,深化对台对外宣传工作。强化对外对台宣传平台建设,完善全市党委和政府新闻发言人制度,推进新闻发言人专业化、专职化。发挥好厦门网等新兴媒体的优势,加强体现厦门特色的对台对外宣传工作联系点建设,做大做强文博会、图交会、海峡两岸民间艺术节、"乡音之旅"等对台文化交流品牌。

八、夯实基层基础,建强宣传思想文化工作队伍。要认真总结第一批群众路线教育实践活动的经验,巩固群众路线教育实践活动的成果,做好各项制度的"废改立"工作。继续推动"走转改"活动常态化,抓好新闻队伍马克思主义新闻观教育,推进市委宣传部与高校共建新闻学院工作,积极探索解决新闻采编队伍"双轨制"

问题。实施文化名家暨"四个一批"人才培养工程,重视高层次文化人才的培养和使用,加强马克思主义青年理论人才的培养。加强基层队伍建设,结合"文化提升"行动,组织实施"种文化、结对子"活动,建强基层宣传文化阵地。

关于文化和创新

一、关于文化。前不久,李书磊部长让大家讨论谋划如何挖掘文化资源、增强文化力量、打响文化品牌的问题。近一段时间,通过与专家和学者座谈,我个人认为,文化资源的挖掘和文化品牌的打造最重要的还是要联系实际,紧接地气。也就是要对自身的文化资源有深入的了解,对文化品牌的打造有科学的判断,力求差异化,避免同质化,而这种差异化最直接的表现就在于独特的城市文化精神和城市文化形象。

从城市文化精神上来说,厦门地理位置特殊,是经济特区,也是对外对台的窗口。厦门文化一个突出的特点就是融汇了多元文化的精神特质,兼具内陆文化与海洋文化之长处,融合了闽南文化与中原文化之精髓,反映了中国文化与西方文化之激荡。厦门人生活在这多元文化的环境中,既具有内陆文化吃苦耐劳、顽强拼搏的优点,又有海洋文化敢于开拓、勇于冒险的勇气,还有着中华民族诚实守信、爱岗敬业的品质。这在厦门历史及现代许多杰出的人物身上都得到充分展示,比如,诚信果毅、爱国爱乡的陈嘉庚,他集思想政治、经济实业、文化教育、社会活动诸方面大成,形成了一系列既符合中国传统道德行为准则又独具闽南特色文化的崇高精神和高贵品质。嘉庚精神的多元内涵,均能在中华民族精神中找到基本因子,与社会主义核心价值观相互契合,是厦门自身文化的基点和内核,也是美丽厦门共同缔造中"文化提升行动"最直接最生动的切入点。再比如,爱岗敬业、无私奉献的新时期典型盖军衔,其身上闪现的就是共筑中华复兴梦的民族精神,是新一代厦门人执着于奉献的道德、理念和事业的优秀代表,是厦门特区精神的集中体现。前几天,中央和地方主要媒体都做了集中报道。厦门文化资源的挖掘将既立足于传统,比如诚信果毅的陈嘉庚,也立足于现代,比如爱岗敬业的盖军衔,同时又不拘泥于传统,深挖传统文化的时代价值。要让这些宝贵的文化资源和文化品牌接地气,深入到基层,让人民群众从当地的典型,也就是源于当地的城市精神上,真真切切地感受到文化的力量,从而将抵制求神问卜、造神建庙、打牌赌博的陋习转化为文化自觉,用先进文化占领厦门的各个角落,从而凝聚起全市人民共同奋斗的思想基础和强大的正能量。

从城市文化形象上来说,我认为,厦门的城市文化形象最大的优势和特色就在于文学,而文学也是厦门增强文化力量、打响文化品牌、形成文化产业链的最有力的抓手。总的来说,厦门文学主要有这么几个优势和特色。一是厦门优秀的文学传统,早在唐宋时期,就有"文学神童"陈黯、北宋贤相苏颂等一批在当时文坛具有重要影响的诗文名家。20世纪20至40年代,由外地来厦的著名文学作家也有三十余人,比如,鲁迅、林语堂、许地山、孙伏园、杨晦、鲁彦等。厦门诗歌会的童晴岚以及1945年写下名篇《泥土》的鲁藜,也曾风云一时。厦门文学的真正发展与繁荣,应该始于新中国的建立,从《小城春秋》到《致橡树》,从高云览到舒婷、易中天,每一个都掷地有声。二是厦门对台的文学交流合作。厦门与台湾的文学独特联系是其他城市所没有的,厦门与台湾文学家的往来历时百余年且关系密切。台湾新文学奠基人赖和和台湾新文学先驱张我军,著名台湾作家王梦鸥、姚一苇、余光中都曾经在厦门生活、成长或在厦门大学任教、就学。改革开放以来,厦门与台湾的文学交流更加频繁,已发展成为大陆与台湾当之无愧的文学交流重镇。

两岸国学交流基地——厦门筼筜书院搭建两岸传统文化高端平台,成功组织举办了五届海峡两岸国学论坛以及国学高峰论坛等活动,李敖、杜维明、刘再复、陈来等众多两岸名家及国学大师都齐聚论坛畅谈国学。三是厦门文学生机勃勃的发展后劲。以赖妙宽、须一瓜为代表的中青年作家屡获大奖,《天堂没有路标》等一批文学作品荣获全国"五个一工程奖"、鲁迅文学奖。儿童文学作家晓玲叮当(李晓玲)是继童话大王郑渊洁之后,第二位全部作品被二十一世纪出版社签断的作家。她先后创作出版了《魔法小仙子》、《超级笑笑鼠》等,作品发行量在 500 万册以上。

　　根据这些优势和特点,怎么让厦门的文学散发出更多馥郁的芬芳,成为带动厦门文化发展的主力军,我认为关键在于必须具备自己的核心价值,凸显个性。上面讲到的是厦门自有的、独特的、是代表厦门城市的文化形象。如何发挥其应有的作用,习近平总书记说过:讲好故事,事半功倍。而文学是最会讲故事的。一方面应当打造以舒婷为代表的文学形象,这对厦门形象的塑造、扩大厦门的知名度和文化影响大有裨益。一方面要根据文学是文化中的特殊因子,是艺术之母,创作龙头,更是文化之本的特质,以文学来充实和带动厦门动漫游戏业、出版业、影视业、演艺娱乐业、印刷复制业、文化旅游业、网络内容服务业的发展和产品的研发。这是讲的第一个关于文化建设的问题。

　　二、关于创新。第一个创新是理论研究方式方法的创新。我们从如何解决好顶层设计与基层实践相互契合的问题出发,成立了"学与思"小组,通过整合宣传思想文化系统优秀的人才资源,借助在厦高校研究机构学科方面的优势,围绕中央现有的重大理论研究成果,并将其与厦门宣传思想文化工作在不同阶段的重点、难点、热点紧密结合,灵活采用思想碰撞、实地调研、集体攻关的方式,对宣传经验进行提炼,对宣传趋势进行研判,对宣传难点进行剖析,并将研究成果转化为指导宣传思想工作的具体举措。

第二个创新是网络管理模式的创新。习近平总书记指出,"互联网已经成为舆论斗争的主战场,网上舆论工作是宣传思想工作的重中之重"。怎么管好网上舆论工作,衡量的基本点是管得住是硬道理,正能量是总要求,敢创新是突破口。2014 年我们将打造好我市网络宣传管理的"1221"工程,也就是构建"一纵两横"和"两制一军",展开来讲,1221 工程就是在市委、市政府领导下,市委宣传部统筹协调,网安、通信管理等网络管理职能部门相互协作,实际工作部门主动应对,新闻网站和传统媒体发挥主渠道作用,商业网站积极配合,网评员有效引导,集发现、处置、宣传、管理于一体的网上舆论工作体系,从而迅速形成网格化网络宣传管理工作格局和立体式网络舆论引导工作系统。

第三个创新是舆论引导模式的创新。2014 年,我们将按照"一把钥匙开一把锁"的工作理念,坚持"分类分众、量身定制、互动双向"的工作原则,突出舆论引导的针对性、有效性,积极探索创新舆论引导协调合作机制。目前我们已经先期试点,与银监部门共同制定了《关于建立厦门新闻单位与银行业金融机构协调合作机制的若干意见》,运转较好。这个机制的核心是双赢,骨架是制度,筋络是内容,既有日常沟通的联席会议制度,也有应对突发的重大事项通报制度,还有体现效率的归口管理制度以及资源共享制度。同时对协调合作的内容根据各部门实际进行科学准确的界定,对舆论监督、舆情应对、信息核实、资源共享也都有务实而明确的举措。下一步我们将根据各区、各部门不同功能定位、不同职责、不同特点在全市稳步推进。

(本文系厦门市委常委、市委宣传部长叶重耕 2014 年 2 月
在全省宣传部会议的发言)

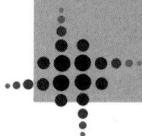

探索全新领域 营造良好的商机 开拓广阔的市场

——在文化产业投资论坛上的致辞

◎ 国桂荣

在第七届海峡两岸（厦门）文化产业博览交易会开幕之际，我们很荣幸地邀请到文化部和两岸产业界、商界、文化界、学术界等领域的嘉宾出席今天的文化产业投资论坛。在此，我谨代表厦门市政府对论坛的成功举办表示热烈的祝贺！向远道而来的各位嘉宾表示诚挚的欢迎！

厦门是我国东南沿海著名的港口风景旅游城市、海峡西岸重要的中心城市，素有"海上花园"的美誉。同时，厦门也是一个艺术气息浓厚、时尚品牌集聚的现代时尚城市，具有海港、空港、口岸等完备的物流体系和发展时尚产业的深厚基础，同时厦门还集聚了一大批具有国际视野和创新意识的知名设计师、设计新秀和时尚界人士，在打造两岸时尚产业之都方面具有独特的优势。近年来，厦门市不断推进文化强市建设步伐，目前已形成了现代传媒、印刷出版、动漫游戏、演艺娱乐、民俗产品等多个文化产业板块，文化产业正在逐步成为厦门经济发展的新引擎。

作为文博会的重要核心品牌，"文化产业投资论坛"至今已成功举办六届，成为海峡两岸文化创意产业对接的重要窗口和交流合作平台。本届论坛以"文化产业的投资新热点：传媒与时尚"为主题，盛邀两岸文化产业专家、学者和企业家们围绕文化产业发展趋势、时尚品牌建设、文化产业投资等一系列议题展开深入交流与研讨。台湾文化产业在传统工艺转型与时尚化、创意、研发、营销、品牌经营、资本运作等方面拥有先进的理念和很好的经验,而大陆拥有深厚的文化底蕴和广阔的市场空间。我们相信,通过"文化产业投资论坛"这个平台,一定会为两岸文化产业的合作共赢发现共同的语言、探索全新的领域、营造良好的商机、开拓广阔的市场。

最后,预祝本次论坛取得圆满成功!

(本文系厦门市副市长国桂荣 2014 年 10 月 24 日在
文化产业投资论坛上的致辞)

Diaoyan Baogao

调研报告

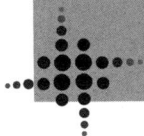

文化产业是加快转型发展
建设美丽厦门的重要途径

◎ 厦门市文化改革发展工作领导小组办公室

蓝皮书

文化产业渗透性强、融合度高,具有高知识性、高增值性和低能耗、低污染等特征,通过与实体经济的深度融合,是促进转型发展、培育新的经济增长点、建设美丽厦门的重要途径。

厦门市在文化产业发展方面已经取得了一定的成绩。据估计,2014年前三季度,厦门市文化产业增加值近180亿元,增速超过12%,占厦门市GDP的比重达8%,已经成为厦门市经济发展的一个重要支撑点。从产业内部结构来看,以动漫游戏、广播影视、新闻出版、创意设计、演艺娱乐、艺术品产业等为主的核心文化产业门类发展迅速,其产值已经占厦门市文化产业总产值的60%左右,与省内其他城市的横向比较来看,厦门市文化产业已经进入以文化服务业为核心的较高的发展阶段,在推动高端服务业发展、提升城市功能品味、促进经济结构转型等方面发挥着越来越重要的作用。

为加快转型发展、落实美丽厦门发展战略,厦门市的文化产业在发展重点上也需要作出相应的调整。从全市加快产业转型的需要出发,作为文化产业核心内容的文化创意产业已经纳入了"5+3+10"的现代产业支撑体系。文化创意产业千亿产业链的建设工作正在有序推进,编辑并印发了《文化创意千亿产业链工作指导手册》和《文化创意千亿产业链培训手册》,梳理出重大文化产业投资项目12个,投资总额258亿,全力推进中移动手机动漫基地改制为股份有限公司,实现在厦门市的真正落地,2014年就可以为厦门市文化产业净增30亿的产值。

从文化产业的发展定位来看,过去3年的实践表明,创意设计、影视动画、数字内容与新媒体以及文化旅游四大集群的定位符合厦门市文化产业发展的需要,八大重点发展产业门类也已经成为厦门市文化产业发展的主导力量,总体上看,厦门市"十二五"文化产业发展规划基本符合发展实际,但还需要根据新形势新任务对未来若干年的发展方向和发展重点进行调整、提出新的发展目标和发展要求,以便厦门市文化产业的发展能够更好地切合美丽厦门的战略规划、更好地体现厦门对外开放窗口和对台前沿平台的作用、更好地发挥文化产业的生产性服务功能。结合厦门市文化产业发展实际和文化创意千亿产业链建设的需要,我们对厦门市文化产业的发展提出了一个"531"工程,即:从2014年开始的数年内,厦门市要把创意设计、数字内容、基于移动互联网的新媒体、艺术品展示交易和演艺娱乐5个产业门类作为重点发展的领域,在资源配置上予以倾斜;着力构建3大平台:一是文化保税、二是艺术品展示交易、三是数字内容集成;集中力量建设好国家级文化和科技融合示范基地。这5个产业门类、3大产业发展平台和1个国家级基地实际上就构成了一个新的"531"工程,这个宏观层面的"531"工程与微观层面的"531"工程(50家骨干文化企业、30个重大文化产业项目、10个重点文化产业园区)形成了厦门文化产业发展的两大支柱。其中,文化保税和艺术品产业是厦门市着力推进和加快发展的重点领域,围绕艺术品收藏和拍卖而形成的产业链有望成为厦门新的经济增长点和转型发展的重要抓手。

文化保税区是近几年来在我国兴起的一个新生事物。在国际上,瑞士、伦敦、纽约、新加坡都已建设了一定规模的文物艺术品的保税区。在国内,2011年,上海利用外高桥保税区建设国家对外文化贸易基地。该基地采用"政府推动、企业运作"的运营模式,利

蓝皮书

用外高桥保税区"境内关外"的特殊区域优势,开展文化展示交流、境外文化资产保税仓储、国际艺术品展示交易、文化设备保税租赁、文化进出口代理等服务。2012年,北京在临近首都机场的北京天竺综合保税区内,以园中园的形式开建北京国际文化贸易服务中心。这是国内首个依托空港保税区建设的文化保税区,涵盖国际文化商品展示交易中心、国际文化贸易企业集聚中心和国际文化仓储物流中心三个功能区,将为境内外文化生产、传输、贸易机构提供专属保税服务。

2012年,厦门市提出了"探索建设文化产品保税区,打造文化企业保税政策的实体服务平台,推动高端国际文化贸易发展"的设想。在厦门海关的大力支持下,以厦门华辰拍卖公司为主体,厦门市于2013年4月在象屿保税区举办了境内关外的首届西洋艺术品保税拍卖会,成交额达2 000多万元人民币,引起了业内极大的关注,突显了厦门在艺术品市场的地位。2014年12月份,厦门华辰公司将在象屿保税区举办2014年度的艺术品保税拍卖。

从全国文化保税区的发展情况来看,尽管北京和上海的文化保税区得到了国家文化部的授牌,但在艺术品保税拍卖的实践层面,厦门市已经走在了全国的前列,领先北京和上海。2014年10月份,与厦门华辰合作,香港美斯国际物流有限公司在厦门成立合作公司,在厦门搭建中国艺术品的国际物流模式和文化保税贸易平台,共同创建具有拍卖、交易、展示、设备租赁、仓储、物流、保险等功能的综合性艺术品交易中心。在本届文博会期间,我们同文化部的领导就厦门市文化保税区的建设事宜进行了沟通。文化部将帮助厦门协调海关总署进一步支持厦门市开展保税拍卖,实质性推动厦门文化保税区的建设,把文化保税区作为"自贸区"重要内容加以充实和推进。

厦门市独特的自然、人文魅力,以及海陆空交通枢纽优势,使得厦门成为海西地区的财富聚集区,也是海外艺术品回流的重要桥头堡。这两年来,一个比较显著的特点是:厦门市艺术品产业发展氛围明显浓厚起来,行业资金、人才和项目加速向厦门聚集。2014 年,厦门华辰在厦举办春拍,成交额近 1 个亿。2014 年 8 月,全球排名第三的北京保利国际拍卖有限公司(以下简称"北京保利")进驻厦门市场,成立保利(厦门)国际拍卖有限公司。这也是北京保利除北京外,在中国大陆参与投资的首个区域性拍卖机构,足见业内对厦门艺术品市场的关注。2014 年 10 月,保利厦门2014 年秋季首拍以 2.4 亿元的成交额圆满落槌,足以证明厦门已成为继北京、上海之后的重要艺术品市场。

艺术品产业对促进城市转型发展的作用十分明显。从直接税收方面看,税收约占拍卖成交金额的 4% 左右(个人所得税 3%,拍卖公司缴交营业税约占成交额的 1%)。此外,这些知名拍卖公司的春秋拍对地方文化展览、高端酒店、精品购物等商业活动有较大促进作用。而且,参与拍卖的境内外知名人士、大收藏家、艺术家、企业家纷纷来厦,对提升城市美誉度的作用也是显而易见的。

目前,厦门市文化改革发展工作领导小组办公室牵头正在大力推动"厦门国际艺术品交易(金融)中心"、"海峡收藏品交易中心"等重点项目建设,促成中国工艺集团公司南方总部及其中国工艺艺术品(厦门)交易所等项目落地,建成专业化的"文化艺术品保税区",为艺术品提供保税、投融资、展示、拍卖、交易、担保、典当、仓储、鉴定、修复等覆盖全产业链的专业服务,并逐步扩展到其他文化产品,吸引周边城市、外省市、海峡对岸,甚至东南亚的资金和藏家,使厦门成为国内最大的两岸艺术收藏品交流交易中心。

2014 年 11 月

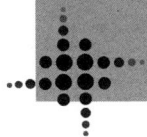

2014年厦门市文化产业发展情况分析及2015年预测

◎ 厦门市文化改革发展工作领导小组办公室

蓝皮书

美丽厦门的城市特质十分有利于吸引创新、创意和创业人才，有利于以创新创意为特征的文化产业的发展。2014年，全市文化创意千亿产业链建设有序推进，文化产业整体态势逐月向好，文化产业成为厦门市经济增长提速的重要支撑。本文将对2014年全市文化产业运行情况进行分析，并对2015年发展进行预测和提出建设。

一、2014年厦门文化产业发展总体情况

(一)重点工作开展情况

1.文化创意产业千亿产业链建设扎实推进。厦门市委、市政府从全市加快产业转型的需要出发，把作为文化产业核心内容的文化创意产业纳入了"5＋3＋10"的现代产业支撑体系，提出了加快建设文化创意产业千亿产业链的要求。作为文化创意产业千亿产业链的牵头部门，厦门市文化改革发展工作领导小组办公室扎实推进相关工作，制订产业发展线路图，编辑印发《文化创意千亿产业链工作指导手册》和《文化创意千亿产业链培训手册》，梳理出重大文化产业投资项目13个，投资总额269亿，推动千亿产业链

建设扎实开展。

2.文化与科技融合发展的路径进一步明晰。文化创意与科技创新是现代经济增长的双引擎,也是建设创新型城市的主要手段。厦门市在发展文化产业过程中,始终注意发挥文化和科技两方面优势,2013年获得国家级文化和科技融合示范基地称号,为文化产业发展注入新的活力。目前,全市拥有一批具有全国影响力的文化和科技融合发展的文化产业平台,包括全国最大的小游戏平台4 399、全国最大的网页游戏平台趣游、全国最大的手机动漫平台中国移动手机动漫基地、用户量(8.14亿)居行业第一的美图公司等等,充分显示了厦门市在发展动漫网游、数字内容与新媒体方面的优势和前景。

3.重点文化产业园区的建设初见成效。重点抓好位于思明龙山片区的省级十大文化产业园—海峡龙山文创园,以及位于湖里大道边上的国家级闽台文化产业试验园核心区二期(湖里老工业厂房文创园区)的建设。龙山文创园共投资约3亿元,改造厂房17栋,入驻企业约260家,园区总产值约60亿元,其中文化产业产值占总产值的90%。目前,龙山文创园区正着力打造厦门市工业设计中心、龙山时尚中心、创业平台、服务企业中心等四大平台。湖里老工业厂房文创园区位于湖里大道两侧,规划总用地面积130公顷,建立了园区协调管理机构,制定园区管理办法和招商优惠政策,委托上海的专业机构进行了园区概念性规划方案和详细规划,编制了园区产业发展规划,并启动了一批建设项目,其中海峡建筑设计文创园项目已顺利完工,华美卷烟厂的改造改建工程将于2014年内基本投用。

4.龙头文化企业建设取得积极成效。2014年,厦门市启动第4轮重点文化企业评选工作,评出50家市重点文化企业。这50家重点文化企业的营收总规模为63.32亿,税前利润为9.37亿,纳税总额为3.09亿。与2012年认定的市重点文化企业相比,本次认

定的这 50 家重点文化企业的平均规模为 1.27 亿,增长了77.25％;
平均税前利润为 1874 万,比增 21.23％;平均纳税额为618.22万,比
增 24.28％。这些数据体现了过去两年来本市重点文化企业规模、
利润和纳税额均有显著增长。

5.重点文化产业项目建设取得突破。据不完全统计,2014 年
共有 10 亿元以上的在建、在谈文化产业项目 13 个,投资总额近
270 亿元,是近年来项目建设力度最大的一年。主要项目简况如
下表:

表一　2014 年度厦门市文化产业重大项目一览表

序号	名称	性质	地址	进展情况	投资额(亿元)
1	神游华夏园	大型演艺	集美	在建	28
2	厦门华强文化科技产业基地二期	文化旅游创意设计	同安	在建	22
3	厦门国际艺术品交易(金融)中心	艺术品展示交易	湖里	在建	15
4	海峡收藏品交易中心	艺术品展示交易	湖里	在建	18
5	沙坡尾海洋文化创意港	创意设计文化旅游	思明	在建	40
6	闽台(厦门)文化产业园核心二期	创意设计数字内容	湖里	在建	30
7	龙山文创园	创意设计	思明	在建	10
8	"梦幻世界"大型互动主题乐园	数字娱乐	集美	在谈	11
9	厦门国际影视数码港	演艺娱乐数字内容	待定	在谈	40
10	邓丽君星光剧场(华语流行音乐之都)	演艺娱乐	待定	在谈	20
11	中国工艺集团南方总部	高端艺术品	待定	在谈	15
12	国家音乐产业基地	演艺娱乐	集美	在谈	10
13	神游华夏园二期	演艺娱乐及配套	集美	在谈	12

蓝皮书

(二)全市文化产业运行数据分析

据抽样调查,1—9月份,厦门市文化产业实现增加值约为180亿,比增超过12%,高出同期GDP增速3个百分点,占GDP比重超过了8%。相比较,1—6月份,厦门市文化产业增速为9.2%,高出同期GDP增速0.4个百分点,占GDP比重为7.9%,文化产业明显处于增长提速的轨道,对厦门市经济增长的支撑作用更加显著。

1—9月份,在文化产业的十大产业门类中,文化创意和设计服务业和文化专用设备的生产这两个门类呈现超高速增长的态势,分别同比增长了46.67%和38.21%;文化信息传输服务业继续以较快的速度增长,增长率为22.69%,文化产品生产的辅助生产和文化用品的生产也分别增长了13.16%和15.36%。与此同时,在十大产业门类中,工艺美术品的生产出现了大幅度下滑的局面,增速下降了33.36%,成了拖累厦门市文化产业增速的主要因素;出现负增长的产业门类还有新闻出版发行服务和文化艺术服务,分别下降了1.15%和0.55%。广播电视服务业呈现低速增长的态势,增长率为5.11%,落后于文化产业的总体发展趋势,文化休闲服务业也只增长了1.70%,态势低迷、增长乏力。

(三)文化产业分行业运行情况分析

1.以数字科技为支撑的新兴产业继续保持高速发展态势。1—9月份,厦门市动漫游戏等数字内容产业继续保持高速增长态势。据抽样调查,1—9月份厦门市的文化信息传输服务比增22.69%;动漫游戏产业门类的33家骨干文化企业的总营收达40.48亿,比增超过30%。从抽样调查的情况来看,有亮点也有隐忧:一方面,中小型的重点动漫文化企业高速成长,比如,厦门美图网科技有限公司营收同比增长了319%,厦门读客信息科技有限公司同比增长了 206.7％，厦门新游网络科技有限公司比增了 59％，厦门大雅传奇文化传播有限公司同比增长了 37％ 等；另一方面，一些大型老牌的骨干数字动漫企业呈现低速增长局面，有的甚至出现了负增长，这些情况无疑会成为厦门市动漫数字内容产业发展的隐忧，需要引起注意。导致企业营收下降的因素很多，其中不乏短期因素，但从发展前景来看，这些骨干企业的低迷状态还是会对整个产业门类发展带来不利影响的。

2.文化创意和设计服务业呈现井喷式发展的态势。从调查统计的情况看，1—9 月份厦门市的文化创意和设计服务业同比增长了 46.67％，可以说，出现了井喷式的增长，这是 1—9 月份厦门市文化产业发展的最大亮点。随着以设计为核心产业门类的华美文创园等产业园区的建设投产或功能完善提升，以及红点设计展等国际性活动的带动，厦门市文化创意及设计服务业出现了集聚发展的态势。但是，在行业发展态势较好的大趋势下，也有部分子行业及企业个体出现了一定程度的业绩下滑。如广告服务业面临比较大的经营困难，其营收同比下降了 9.87％，广告企业的亏损面比较大。

3.工艺美术品生产面临转型升级的巨大压力，营收下降幅度超过了 30％，拖累了厦门市文化产业的整体增速。抽样调查的结果表明，1—9 月份，厦门市这个产业门类的营收出现了大幅下降，降幅高达 33.36％，在相当程度上影响了厦门市文化产业的增速。从抽样调查的企业样本来看，该产业门类的企业出现了比较严重的两极分化。一方面，一些典型的传统工艺品生产企业的营收出现严重下滑；另一方面，一些有较高自主设计能力企业，通过创意设计，企业发展成绩很好，比如，万仟堂，1—9 月份的营收同比增长了 17％，厦门法蓝瓷同比增长了 23％，不但好于所属的产业门类，也超过了厦门市文化产业的整体增速。这表明，传统的工艺美术产业面临转型压力，工艺品企业只能通过创意设计和跨界融合发展的模式才能摆脱困境,重新赢得市场。还有一个值得注意的现象是:厦门市的高端艺术品市场呈现蓬勃发展的良好态势,一些国内顶级拍卖企业纷纷进入厦门艺术品市场。但由于统计上的困难,这个市场的规模一时还没有一个比较准确的数据,比较保守的估计可以到达10亿以上,增速估计在15%以上。

4.演艺娱乐业回稳并出现全行业盈利的局面。1—9月份,厦门市的文化休闲娱乐服务业同比增长了1.70%,呈现比较低迷的状态。但是,其中的演艺娱乐业一枝独秀,增长业绩远远好于文化休闲娱乐业的整体状况。作为厦门市演艺娱乐业的骨干企业天视文化有限公司,1—9月份的营收同比增长了30%以上,其他同类企业的经营情况也比较喜人,呈现出全行业盈利的局面。随着神游华夏等大型实景演艺项目的对外运营,厦门市的演艺产业将会有一个比较大的提升。

5.广播电视电影服务和会展服务业呈现平稳增长的态势,增速有所放缓。1—9月份,广播电视电影服务和会展服务业比去年同期分别增长5.11%和12.55%左右。就文化会展业而言,龙头企业会展金泓信展览有限公司的营收同比增长了19.33%,成了整个会展行业的支撑力量。与此同时,会展企业的两极化现象也比较明显,一些大型会展企业也面临营收下降的困境,会展业的整体发展还是面临一些不确定的因素,需要引起重视。

在其他产业门类方面,出版发行增长乏力是个全国性的现象,厦门市的出版发行行业也十分不景气,出版服务业比增了1.15%,而发行行业同比下降了1.80%。印刷复制业出现企稳提速的态势,1—9月份营收同比增长了16.21%。

二、厦门文化产业发展存在的突出问题及分析

厦门市文化创意产业在快速发展的同时，也存在一些问题和不足。比如，产业发展总体水平不高，有全国影响力的大型龙头企业偏少；产业原创能力和关键技术研发能力需要进一步提升；有利于产业健康发展的政策体系、市场环境、管理模式和人才支撑体系需要进一步完善等。

受总体经济形势下行和出口市场低迷的影响，厦门市部分文化产业门类的发展面临比较大的困难。比如，1—9 月份，厦门市广告业的实际业绩出现下滑；发行行业步履维艰；印刷复制业两极分化严重，一些大型印刷企业的营收出现了负增长，文化产品和服务出口增速下降等。

另一个比较严重的问题是：企业运营成本上升比较快，利润空间不断挤压，文化企业的亏损面扩大。比如，乌石浦油画村的房租成本普遍上涨了 40％左右，最高的上涨了 75％。

三、2015 年厦门文化产业发展预测

我们曾预测 2014 年厦门文化产业增长率可以达到 20％左右，但从目前产业运行情况来看，2014 年的增长率估计在 13％左右，远低于预期，主要是文化产业结构调整的深度和所需的时间远大于预期。

2015 年，在神游华夏园、闽南古镇、华强文化科技产业基地二期等一批文化产业大项目建成投产，高端艺术品产业进一步升温，以及中国移动手机动漫基地在厦门改制成立独立核算法人单位等

蓝皮书

相关因素的综合作用下,厦门市文化产业将再次进入高速增长的快车道,全年文化产业有望实现15%以上的增长,文化产业增加值将超过300亿元。

四、促进厦门文化产业健康发展的建议

文化产业渗透性强、融合度高,具有高知识性、高增值性和低能耗、低污染等特征,通过与实体经济的深度融合,是促进转型发展、培育新的经济增长点、建设美丽厦门的重要途径。2015年全市文化产业发展工作要突出抓好如下四项重点工作。

(一)构建厦门文化保税区

以象屿保税区为依托,以香港美斯集团和厦门华辰拍卖有限公司为市场主体,建成专业化的"文化艺术品保税区",为艺术品提供保税、投融资、展示、拍卖、交易、担保、典当、仓储、鉴定、修复等覆盖全产业链的专业服务,并逐步扩展到其他文化产品,吸引周边城市、外省市、海峡对岸,甚至东南亚收藏商家,使之成为国内最大的两岸艺术收藏品交流交易中心。

(二)建设国家级文化和科技融合示范基地

以厦门火炬高新区为主体,实施"一基地多园区"发展战略,利用软件园、创业园、厦门科技创新园等园区为载体规划建设,引进一批重点文化和科技融合企业。推动火炬高新区岛内园区通过"腾笼换凤",利用园区现有工业厂房,高起点规划建设超过10万平方米的孵化器,加快推进文化与科技孵化器、加速器建设,首期为创业中心创业大厦3万平方米,二期规划建设5.3万平方米,同时鼓励民营资本建设专业孵化器,面积力争逐步达到10万平方米,形成国有与民营"两轮驱动"的发展格局。

(三)抓好园区建设

龙山文化创意产业园继续实施"政府引导、多元投入"的发展模式,通过核心园区的示范带动和政策引导促进周边存量房产改造建设专业化定位的文化创意产业园,进一步激发社会资本投资建设文化创意产业园的积极性。以华美文创园和海峡两岸建筑设计创意产业园建设为起步,加快湖里老工业厂房的改造工作,引入社会资本,加快推进专业化文化创意产业园建设,引导和鼓励文化创意和设计服务业在湖里形成集群化发展态势。沙坡尾海洋文化创意港以厦门沙坡渔港文化创意投资有限公司为改造主体,坚持"土地产权基本不动、空间肌理基本不改、本地居民基本不迁、人文生态基本不变"的改造原则,加快推进"沙坡尾海洋文化创意港"二期建设并在年内建成运营。枋湖文化旅游产业园建成投产。

(四)抓好重大项目建设

神游华夏项目和闽南古镇项目建成开业,中移动手机动漫基地完成股份制改造并在厦门注册成立股份制公司等;加快推进华强二期、国际艺术品(金融)交易中心和海峡收藏品交易中心三大项目的建设,力争年内完成 30 亿的固定投资;加快推进"梦幻世界"、"国家音乐产业基地"、"国际影视数码港"等重大项目的落地工作;加快推动香港美斯集团在厦门成立子公司,推进厦门市艺术品专业物流的发展等。

执笔:戴志望　李长福

2014 年 11 月

蓝皮书

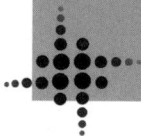

文化产业对厦门经济发展影响的实证分析

◎ 李子才

　　文化产业是全球化发展中兴起的一门新产业，是公认的朝阳产业。联合国教科文组织关于文化产业的概念是："结合创造、生产与商品化等方式、运用本质是无形的文化内容而开展的产业"。文化产业又被称为创意产业，即源于个人创意、技巧和才华，通过知识产权的开发和运用，而形成具有创造财富和就业潜力的行业。文化产业作为提升城市乃至国家竞争力的重要筹码，包含两个层面的意义。从产业层面出发，它既是由政府提供的一项公共服务，又是市场化经营大潮中一个新兴的经济增长点；而在文化层面上，其强大的精神影响力则是其他产业所不具备的。随着文化产业在区域经济乃至全国经济发展中地位的逐步提升和影响的日益扩大，文化产业和区域经济发展之间的关系也逐渐被人们所重视。本文以厦门市文化产业发展为例，定量研究文化产业在区域经济中的地位和作用，分析厦门市文化产业发展现状及其存在的问题，旨在具体实践中促进文化产业可持续发展提供有益的借鉴和探索。

一、文化产业的发展对区域经济发展具有重要意义

(一)文化产业具有相对独立性

文化产业对制造业依附程度比较低,它既不需要众多本地人口来支撑消费规模,亦不需要依靠生产大量有形商品来拉动物流、资金流及其相关服务业。它用文化、智慧和创意来生产无形的高价值精神产品和部分有形但高附加值物质产品,并主要通过高科技手段如网络系统输送给世界各地的消费者,或者通过旅游将世界各地的人们吸引到本地来消费;通过文化创意,还可以大大地提升制造业和传统服务业。

(二)文化产业有利于区域经济结构调整

文化部部长蔡武认为,文化娱乐消费在社会经济转变发展方式、调整经济结构过程中,将发挥巨大作用。作为新兴产业,文化产业的发展会改变资源的配置结构,影响传统产业发展,推动产业结构调整,促进经济增长。文化产业通过扩散与渗透效应带动其他产业的升级,这种带动作用通常有以下两种路径:一是通过竞争关系。文化产业的发展,吸引资源逐步从传统产业流入文化产业,从而加剧传统产业之间竞争,促进传统产业内部自身结构调整。二是通过投入与产出技术关联关系,文化产业发展通过产业链条对其上下游产业起到带动作用。

(三)文化产业可以发展成一个地区重要经济支柱

20世纪,以电影业为龙头的娱乐业就是洛杉矶最重要的经济发展引擎,其与制造业、商贸业、金融业、港口物流业等共同铸造了

洛杉矶都市区作为美国第二大经济中心的辉煌地位。

二、厦门市文化产业特点及基本情况

厦门历史虽然不长,但有着自身突出的文化特质。厦门文化包容性非常强,具有优秀的中华传统文化,又有与世界对接的海洋文化。闽南文化生态保护区、20 多项国家级、省级非物质文化遗产、南音—世界文化遗产、鼓浪屿—万国建筑、交响乐、钢琴等等,这种多元文化的形态使来到厦门的海内外游客都能各取所需,各有所得。厦门文化活动、文化会展频繁:国际马拉松、中国(厦门)国际钢琴比赛、国际动漫节、海峡两岸文化产业博览交易会、海峡两岸图书交易会、海峡两岸民间艺术节、郑成功文化节等等。涌现了以 4399、青鸟动画、翔通动漫等为代表的一批本土文化品牌企业,以法兰瓷、西基动漫、华榜等为代表的台湾文化品牌企业,中国移动手机动漫基地、中国电信动漫运营中心、中国联通动漫中心等平台型企业,以及华强、中娱、趣游网络等知名文化企业。

2012 年,厦门市从事文化产业单位 11 214 个,主营收入 859.48 亿元,从业人员 20.23 万人,实现增加值 217.03 亿元,比上年增长 20.1%,占地区生产总值的 7.7%,比上年提高 0.6 个百分点,文化产业呈现良好发展态势。从绝对量看,2012 年,厦门市文化产业增加值总量排名福建省第三,但与福州市 227.99 亿元、泉州市 224.43 亿元相差无几,同属福建省文化产业发展第一集团。从占 GDP 的比重看,厦门市也位居第二,排在莆田市 8.4%之后,并与福建省其他地市拉开较大距离。

同全国部分副省级城市相比,厦门市文化产业增加值总量要明显小很多,这与厦门市的城市规模和经济总量有关,但文化产业占 GDP 的比重要明显高于部分副省级城市(参见表 1),说明厦门市文化产业发展态势良好,有望更快成为厦门市国民经济支柱产业之一。

表1 2012年全国部分城市文化产业增加值情况

城市	增加值(亿元)	占GDP比重(%)
厦门市	217.0	7.7
青岛市	439.2	6.0
济南市	341.1	7.1
西安市	330.7	7.7
沈阳市	279.3	4.7
宁波市	274.0	4.2
南京市	366.7	5.1
杭州市	483.6	6.2

数据来源:根据各市统计数据计算整理。

三、厦门文化产业对区域经济发展影响的定量分析

为定量研究文化产业对厦门区域经济发展影响程度,根据厦门市2006—2011年统计数据,通过计算文化产业对经济增长的贡献、贡献率、从业人员劳动生产率,分析文化产业对厦门经济发展的影响;进一步运用灰色关联分析法,探讨文化产业内部结构与区域经济产业结构的关系。由于2012年采用了新统计口径,考虑到数据的可比性,本文主要依据2006年至2011年统计数据进行分析。

(一)文化产业对经济增长的贡献和贡献率

文化产业对经济增长的贡献和贡献率是反映一个国家或地区

文化产业发展水平高低的重要指标,也是文化产业对当地经济贡献最直观的评价指标。通过计算文化产业对经济增长的贡献和贡献率两个指标来作定量分析,研究文化产业对经济增长的拉动作用。文化产业对经济增长的贡献率(记为 GXL)是指一定时期内文化产业增加值增量与国内生产总值(GDP)增量之比。文化产业对经济增长的贡献(记为 GX)是指一定时期内文化产业增加值增量与上期国内生产总值(GDP)增量之比。经过对历年统计数据计算,可以看出,2006—2011 年厦门市文化产业对经济增长的贡献率及贡献呈现出一定的起伏(见图 1)。

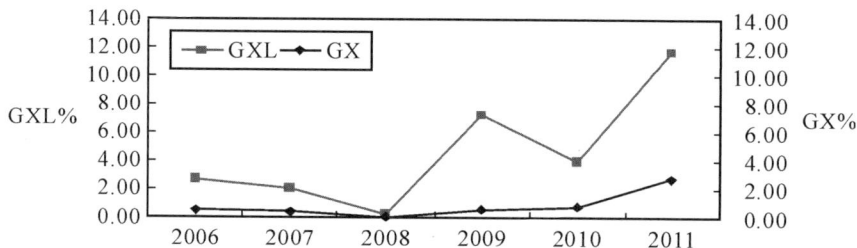

图1 厦门文化产业对经济增长的贡献率(GXL)和贡献(GX)

但从 2008 年以来总体呈上升趋势,在 2011 年达到最大值,分别为 11.72％和 2.73％。主要因为厦门市在经受 2008—2009 世界金融危机的冲击之后(当然还有其他因素),以工业为中心的经济发展思路在厦门显然遭遇到瓶颈。厦门审时度势,把文化产业等现代服务业列为厦门市重点发展的产业范畴,积极培育具有发展潜力的文化产业和文化产业园区建设,有力地推进厦门市文化产业的发展,文化产业显现出强劲的增长态势。

2006—2011 年,厦门文化产业对经济增长的贡献率平均达到了 4.61％,贡献平均达到了 0.81％,由此可见,厦门文化产业对经济增长的贡献是显著的,已经成为国民经济发展新的增长点和可持续发展的新兴产业,对经济增长发挥着积极的促进作用。

(二)文化产业从业人员劳动生产率

文化产业从业人员劳动生产率是衡量文化产业生产力先进和落后的根本尺度,也是产业经济贡献力的另一个重要评价指标,文化产业从业人员劳动生产率(记为 SCL)是指一定时期内文化产业从业人员人均创造的增加值。经过对 2006—2011 年统计数据计算,厦门文化产业从业人员劳动生产率总体上逐年提升(见图2),人均创造的增加值逐年递增。2011 年厦门市文化产业从业人员人均实现文化产业增加值 13.1 万元,人均实现文化产业增加值为福建省第一,高于福建省 10.7 万元的平均水平,比上年的 10.2万元也有较大幅度提高,与上海文化从业人员人均增加值 16 万元相比,差距有所缩小。说明厦门市文化产业发展呈现出质量提升、结构优化、可持续性强的特点。

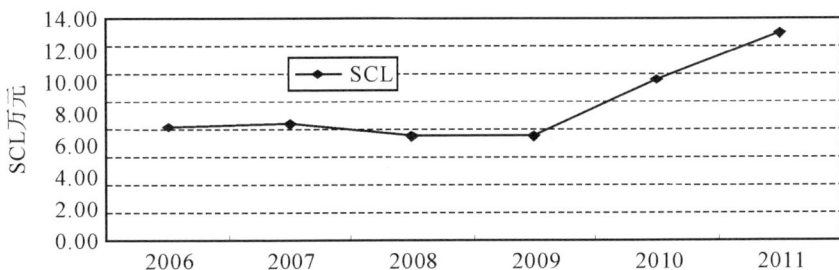

图2　厦门文化产业从业人员劳动生产率(SCL)

(三)厦门文化产业内部结构特征的模型分析

1.研究使用的模型。灰色系统理论是由著名学者邓聚龙教授首创的一种系统科学理论(Grey Theory),其中的灰色关联分析法是通过对动态过程发展态势的量化分析,完成对系统内时间序列有关统计数据几何关系的比较,求出参考数列与各比较数列之间的灰色关联度,找出影响目标值的主要因素。其基本思想是通过确定参考数据列和若干个比较数据列的几何形状相似程度来判断其联系是否紧密。曲线越接近,关联度越接近于1,借此就可以判断引起该系统发展的主次因素。灰色关联分析方法要求样本容量可以少到4个,对数据无规律同样适用,在区域经济优势分析、产业结构调整等方面都取得较好的应用效果。考虑到在2004年国家统计局出台《文化及相关产业分类》的国家标准后,国内对文化产业相关统计口径才逐步统一,且数据年限较短的原因,本文选择用灰色关联度方法定量分析厦门文化产业内部结构对区域经济产业结构的影响。

由于系统中各因素列中的数据可能因量纲不同,不便于比较或在比较时难以得到正确的结论。因此,在进行灰色关联度分析时,一般都要进行数据的无量纲化处理。计算无量纲化处理后的参考序列与比较序列在各个时刻的关联系数 $\zeta_i(k)$ 的计算公式为:

$$\zeta_i(k) = \frac{\min\limits_i \min\limits_k |y(k)-x_i(k)| + \rho \max\limits_i \max\limits_k |y(k)-x_i(k)|}{|y(k)-x_i(k)| + \rho \max\limits_i \max\limits_k |y(k)-x_i(k)|}, (i=1,2,\cdots,n)$$

$y(k) = \{y(k)|k=1,2,\cdots,n\}$ 为参考序列,$x_i(k) = \{x_i(k)|k=1,2,\cdots,n\}$ 为比较序列;ρ 为分辨系数,在(0,1)内取值,ρ 越小,关联系数间的差异越大,区分能力越强。有研究表明,当 $\rho \leqslant 0.5463$ 时分辨率最好,因此通常取 $\rho=0.5$。

计算参考序列和比较序列之间的关联度的计算公式为

$$r_i = \frac{1}{n} \sum_{k=1}^{n} \zeta_i(k), k=1,2,\Lambda,n$$

关联度按大小排序,如果 $r_1 < r_2$,则参考数列 y 与比较数列 x_2 更相似。关联度更大,$x_i(k)$ 对 $y(k)$ 的影响也更大。

2.厦门文化产业内部结构对区域经济产业结构的影响。按照灰色关联分析法的原理和计算步骤,选取厦门市2006—2011年数据为样本(见表 2),用第三产业增加值占 GDP 比重序列为参考序列来衡量区域经济产业结构水平,记为 y,分别用文化服务业增加值、文化产品制造业增加值、文化产品贸易业增加值占文化产业增加值比重序列作为比较序列来度量文化产业内部结构情况,记为 $x_i(i=1,2,3)$,ρ 取 0.5。所有数据均来自于相关年度的《厦门特区经济年鉴》和厦门市统计局网站统计数据。

表 2　2006—2011 年厦门市文化产业增加值情况

年份	文化产业增加值/亿元	文化服务业/亿元	文化产品制造业/亿元	文化产品贸易业/亿元	占 GDP 比重/%
2006	97.80	22.11	63.82	11.87	8.3
2007	102.44	33.80	54.70	13.94	7.3
2008	102.76	36.54	49.55	16.67	6.4
2009	111.86	34.06	54.28	23.52	6.4
2010	124.55	47.93	59.23	17.39	6.1
2011	180.72	79.75	80.84	20.13	7.1

经过无量纲化整理后各变量的时间序列如表 3 所示。

表 3　无量纲化处理后的数据

年份	X_0	X_1	X_2	X_3
2006	1.00000	1.00000	1.00000	1.00000
2007	1.04762	1.45948	0.81828	1.12120
2008	1.10173	1.07770	0.73893	1.33659
2009	1.11688	0.85630	0.74361	1.73241
2010	1.06277	1.26385	0.72875	1.15039
2011	1.03680	1.14673	0.68549	0.91775

通过灰色关联分析法计算可算得厦门市文化服务业、文化产品制造业和文化产品贸易业增加值占文化产业增加值比重与第三

产业增加值占 GDP 比重的关联系数（表 4），进一步可得到其关联度分别为 0.70653、0.57189 和 0.70130。

表 4 关联系数 ζ_i

年份	ζ_1	ζ_2	ζ_3
2006	1.00000	1.00000	1.00000
2007	0.42786	0.57319	0.80718
2008	0.92762	0.45915	0.56736
2009	0.54170	0.45210	0.33350
2010	0.60502	0.47974	0.77853
2011	0.73696	0.46716	0.72124

上述结果表明，在过去几年里，从对经济的绝对贡献看，厦门市文化产品制造业独占鳌头，但是从优化区域经济产业结构方面来说，它与第三产业增加值占 GDP 比重关联度却最小。究其原因，是厦门文化制造业增长更多的来自于龙头骨干企业和大型集团的增长拉动，近年来，受经济发展和企业战略调整影响较大。文化服务业虽然在文化产业（包括文化产品制造业、文化产品批零业和文化服务业）中的份额小于文化产品制造业，但与第三产业增加值占 GDP 比重关联度却最大。原因是随着改革不断深入，厦门文化服务业呈现多元发展的经济格局，非公有制经济发展迅猛，形成了一些有较大增长空间的产业门类和比较齐全的文化服务业体系，如动漫网游、影视娱乐、创意设计、数字文化、网络服务等产业。文化服务业在总量、效益、规模和速度上都有显著的提升，成为经济和社会可持续发展的内在动力。

四、结论及对策建议

从上文的分析可以看出,通过计算厦门市文化产业对经济增长的贡献、贡献率、从业人员劳动生产率,分析文化产业对厦门经济发展的影响;进一步运用灰色关联分析法,探讨文化产业内部结构与区域经济产业结构的关系。结果表明:近年来,厦门文化产业对经济增长的贡献率平均达到了4.61%,贡献平均达到了0.81%,文化产业从业人员劳动生产率总体上逐年提升,文化产业对经济增长的贡献是显著的,已经成为国民经济发展新的增长点和可持续发展的新兴产业。从文化产业内部结构看,近年来,厦门市文化产业文化服务业所占比重有了较大提高,基本上与文化产品制造业所占比重持平,达到44%,但与上海市文化服务业占文化产业增加值的比重已超过60%相比,还有差距,文化产业内部结构还需进一步优化。结合前文实证分析结果和厦门文化产业发展形势,提出以下对策建议。

(一)推进融合,提升核心竞争力

推动科技与内容产业、创意产业相融合,加大技术创新力度,扩大相关文化内容的生产,带动传统文化行业的升级换代,培植开发新兴文化产业。切实加强数字内容、创意设计、动漫渲染、网络媒体等领域核心技术的研发,加快科技成果在文化领域的广泛应用,抢占文化产业发展制高点。

(二)激发文化创意,推进文化产品的多样化和精品化

充分利用闽南文化、海洋文化资源的潜在优势,发挥创意性开发魔力,造就更多新奇的文化形态和创意品牌,丰富文化产品类

蓝皮书

型,延伸文化产业链。利用丰富文化资源,进一步提升原创能力,开发一种或几种精品文化资源,促进产品链与价值链的统一,增强厦门文化对外渗透力和辐射力。

(三)强化人才培养,加大复合型人才引进力度

推动实施文化创意和设计服务人才扶持计划,大力推进政企校三方合作,利用高校、创意企业、培训机构等力量,培养一批适合文化创意产业发展需要的复合型科技人才;结合新兴文化业态发展和产业技术创新项目,引进文化领域高层次专门人才和一流创新团队;大胆启用文化产业技术创新人才,鼓励知识产权等无形资产参与投资收益分配,让全社会特别是文化人才的创造活力竞相迸发、创新源泉充分涌流。

(四)壮大市场主体,引导产业集聚发展

支持专业化的创意和设计企业向专、精、特、新方向发展,打造中小企业集群。培育具有地方特色的创意和设计企业,支持设计、广告、文化软件工作室等各种形式小微企业发展。推动创意和设计优势企业根据产业联系,实施跨地区、跨行业、跨所有制业务合作,推动企业竞争向供应链合作竞争方向演进,着力优化文化产业基础竞争力,推动发展力量向重点区域和重点领域聚集,着力提升文化产业竞争力。

2014 年 5 月

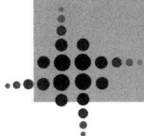

厦门市文化产业与金融服务融合发展的研究

◎ 市文化产业与金融服务融合发展课题组

文化产业作为厦门市大力发展的新兴产业,是厦门市突破人口、资源和环境约束,着力转方式、调结构的重要抓手。然而,与发达国家、与国内某些地区相比,厦门市文化创意产业发展仍处于起步阶段,企业普遍面临着因规模小,自身积累资金较少,实物资产少而难以通过抵押方式获得银行贷款的问题。同时,由于信息的不对称,包括风险资本在内的社会资本对文化创意产业发展的规律认识不足,加上我国尚未建立真正的创业板市场,这就使得通过资本市场融资困难重重。文化产业融资难的现状已成为厦门市文化产业发展的瓶颈之一,成为发展文化产业亟须解决的问题。

为落实美丽厦门战略规划和《中共厦门市委关于贯彻党的十七届六中全会精神推进文化强市建设的实施意见》(厦委发[2012]1号),推进厦门文化"531"计划实施,本课题组对厦门市文化产业的融资现状、融资需求和资金供给等方面进行了调研,依据对调研结果及文化创意产业最新发展情况的分析,结合厦门市的实践经验,提出了厦门市文化创意产业融资政策的构想。

一、厦门市文化产业概况及金融扶持政策现状

（一）厦门市文化产业概况

表1　厦门市文化产业分行业发展情况（2012年）

全市	资产总计（亿元）	主营收入（亿元）	从业人员（万人）	增加值（亿元）
总计	812.18	859.47	20.23	217.02
一、新闻出版发行服务	25.28	12.87	0.54	7.80
二、广播电视电影服务	15.94	7.84	0.19	4.43
三、文化艺术服务	4.77	1.59	0.12	0.64
四、文化信息传输服务	31.97	21.79	0.53	10.82
五、文化创意和设计服务	75.29	57.47	2.08	42.00
六、文化休闲娱乐服务	17.95	11.35	0.96	8.33
七、工艺美术品的生产	44.29	40.79	1.69	10.09
八、文化产品生产的辅助生产	134.89	85.34	3.96	36.72
九、文化用品的生产	325.70	449.06	5.79	55.82
十、文化专用该设备的生产	136.10	171.37	4.37	41.09

　　2013年，厦门市文化产业实现增加值约为246亿，增速为13.4%，高于厦门市9.4%的国内生产总值的增速，占GDP比重为8%，比上一个年度略有增加，文化产业作为厦门市支柱性产业的地位初步确立，文化产业对厦门市经济社会发展的贡献率进一步提高。

(二)厦门市现有对文化产业的金融扶持政策

厦门市已经制定了一些与文化企业相关的金融扶持政策,取得了一定的成效,但是仍然存在不足,主要体现在:政策受惠者集中于重点文化企业,广大中小型文化企业得到的支持力度不够,对文化企业发展的推动作用有限。

1.出台《厦门市促进文化产业发展财政扶持政策实施细则》

2009 年厦门市政府出台了《厦门市促进文化   财政扶持政策实施细则》(厦府办[2009]218 号),对   发展的重点文化企业和重点文化产业项目,采取   式给予扶持。该实施细则中的财政扶持政策还、   进大中型文化企业和新设立中小文化企业采取不   ;第二,明确被厦门市认定为文化产业基地、文化产业集聚   运营商以及重点文化企业的奖励内容和奖励幅度,旨在鼓励厦门市重点文化企业做强做大;第三,对投资 1 000 万元以上的商品油画、艺术品制造、钢琴制造培训、艺术品交易项目和投资 500 万元以上的影视制作、动漫网游、商业演出的项目贷款进行贴息扶持;第四,对厦门市被国家部委直接评定为文化产业示范基地或授予国家级称号的文化企业进行奖励;第五,明确了为文化企业提供担保融资服务、政府采购、参加国际国内相关补贴等现有优惠政策。

2.与金融机构签订金融支持文化产业协议

2011 年,厦门市文广新局与工商银行厦门分行、农业银行厦门分行、建设银行厦门分行、交通银行厦门分行、招商银行小企业信贷中心、中国人保财险厦门分公司等 6 家金融机构签订金融支持文化产业战略合作协议,在"十二五"期间为全市文化企业发展和文化产业项目建设争取了 500 亿元授信额度支持。

3.设立文化产业发展专项扶持资金

2012 年 12 月,厦门市首次设立了 2 000 万元的文化产业发展

蓝皮书

专项扶持资金,并将根据财政情况和产业发展需求逐年增加。2013 年 3 月,为发挥好专项扶持资金对文化产业的促进作用,厦门市文化改革发展工作领导小组办公室、市财政局联合出台了《厦门市文化产业发展专项资金管理办法》。专项资金将重点扶持《厦门市"十二五"文化产业发展专项规划》确定的创意设计、文化旅游、动画影视、数字内容与新媒体等四大产业集群所涵盖的文化企业或项目。

2012 年,厦门市共安排专项资金 1 735 万元,其中以项目资助和贴息的方式补助给非公中小文化企业的资金共 1 165 万元,占专项资金的 67.15%;2013 年共安排专项资金 3 000 万元左右。

4.与中小企业有关的金融支持政策

厦门市大多数文化企业在规模上属于中小企业,因而厦门市针对中小企业的各项金融扶持政策,也适用于多数文化企业。

2010 年,厦门市财政局、经发局出台的《厦门市中小企业发展专项资金使用管理办法》对中小企业的金融支持方式包括:第一,无偿资助;第二,贷款贴息,其中获得中小企业信用评级 A 级企业,贷款贴息为 30%,贷款贴息主要针对成长型中小企业(须核定)和参加厦门市中小企业集合资金信托计划的发债企业;第三,融资担保服务,对中小企业融资担保机构和中小企业融资再担保机构按其担保额给予补助;第四,服务体系建设项目,例如对银行等中小企业融资服务平台开展中小企业贷款融资服务给予适当奖励。上述对中小企业的金融支持,既顾及企业、银行、担保中介等多方面,又主要扶持急需资金的"成长型"企业,取得了较好的效果。

此外,根据 2014 年 1 月出台的《厦门市小微企业贷款保证保险试点办法》,市财政安排资金作为小微企业信贷风险资金预算,通过引入保险公司承保贷款保证保险作为主要担保方式,小微企业不需要提供抵押或反担保即可获得信贷支持。2010 年的《厦门市人民政府关于推进企业上市的意见》要求对进入上市辅导期的企业、提出上市申请的企业、将上市筹得资金用于本市投资的企业给予资助。市商务局的中小企业国际市场开拓资金、厦门市科技局的企业技术创新计划项目也为中小企业提供无偿资助和贷款贴息。

二、厦门市文化产业的融资现状与融资需求特征分析

(一)总体分析

为了更好地了解厦门市文化产业融资的现状,2014年8月、9月期间,本课题组委托厦门市文化创意产业协会和厦门市文化改革发展工作领导小组办公室向文化创意产业协会会员、厦门市重点文化企业发放了调查问卷。调查结果反映出以下情况:

1.文化产业特征

(1)企业规模普遍较小

企业规模是评价企业信用等级的重要依据,也是许多金融机构在审贷时的重要参考。企业规模反映了企业制度建设、治理结构、风险控制能力等情况。在调研中,从主营业务收入来看,86.11%的企业主营业务收入在1亿元以下,其中47.22%的企业主营业务收入在1 000万元以下。从职工人数来看,75.00%的企业员工在100人以下。文化创意企业规模小,直接影响了企业从金融机构融资的能力。

(2)民营企业占主体

从调查结果来看,83.33%的文化创意企业为民营企业,国有企业和集体企业总和仅略高于十分之一。企业性质也是影响企业融资的重要因素,与国有和集体企业相比,民营企业自然人股东在

开办企业时往往倾其所有,冒着很大的风险。在民营企业中,一半企业的大股东为个人。企业风险是金融机构提供资金的重要衡量因素之一,民营企业因而相对较难获得金融机构的青睐。

（3）以创意研发为主营业务

2012年,国家统计局颁布的文化及相关产业分类标准将文化产业分为十个类别。厦门市根据本地文化产业特点确立了动漫网游业、影视业、创意设计业、古玩与艺术品业、演艺娱乐业、印刷复制业、文化旅游业、网络内容服务与新媒体业等八大文化产业领域。调查问卷显示,企业主要集中在动漫网游业（22.22%）、文化旅游业（30.56%）、创意设计业（16.67%）和艺术品业（22.22%）。这四个行业的企业占参与问卷调查企业的90%以上。这些企业具有业务技术含量高,主营业务是创意研发,处于产业链前端的特点。这是厦门市创意人才资源丰富和环境宽松的表现,但是对企业融资而言,业务处于产业链前端,风险相对较高,融资难度也会相对较大。

（4）多数企业处于成长阶段

在问卷调查中,72.22%的企业认为自己处于成长期,已经完成核心内容和技术的开发,需要加大投入,扩大营销和生产经营,因此资金投入需求量大,企业发展处于关键阶段。此外,有8.33%的企业完成了研发,处于创业阶段。19.44%的企业进入成熟期,即原有项目已带来丰厚利润,进入技术和管理创新期。

（5）自有知识产权拥有度尚可

专利是银行贷款比较看重的要件之一。2009年《厦门市专利权质押贷款工作指导意见（试行）》实施后,部分企业获得了纯专利权质押贷款。从问卷调查显示的知识产权拥有情况来看,有二分之一的企业拥有专利,为申请专利权质押贷款奠定了一定的基础。

2.文化产业融资现状与融资需求特征

调查问卷分别从企业资金来源构成、近两年内融资情况、企业资金需求情况、融资目的等方面对企业投融资情况进行了调查。

调查结果显示,文化创意企业融资现状基本情况如下:

(1)融资愿望强烈,但融资成功率尚可

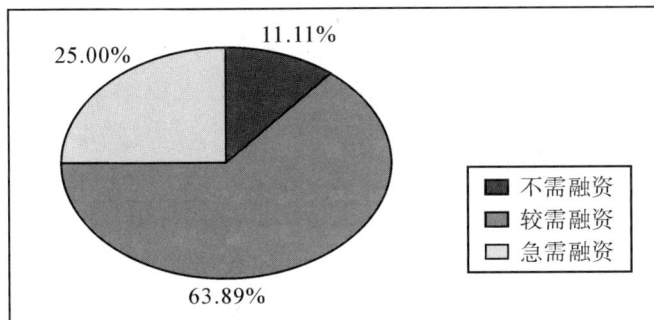

图1   问卷调查显示的厦门市文化创意企业融资现状

多数文化创意企业都有融资需求,特别是处于企业成长期的企业,融资愿望突出。在问卷调查中,仅11.11%的企业选择不需要融资,需要融资的企业为总数的88.89%,其中急需融资的企业为总数的25%。同时,调查结果显示,63.89%的企业在近两年的时间里成功融资。在北京,真正融资成功的文化企业仅两成(安世绿:《文化创意企业融资需求特点及政策初探》,2010)。63.89%的调查结果高于北京文化企业的融资成功率,在一定程度上可说明近几年来厦门市文化产业发展良好,政府部门对文化产业的支持政策发挥了作用,文化产业对政府的扶持政策有积极的反应。尽管如此,63.89%的成功率相对于88.89%的融资需求率仍然不足。

(2)银行贷款是主要的融资方式

在各种融资来源中,银行贷款是厦门市文化企业的首要融资来源,在融资成功的企业中有50%曾经通过银行贷款融资。融资成本相对较低,是银行贷款受到文化企业欢迎的最主要原因。然而,银行出于对风险控制的要求,通常较愿意贷款给发展成熟的、有实物抵押的企业,一些文化企业难以获得银行贷款,转而通过民间风险资本、小额贷款、非上市股权交易融资进行筹资。调查结果显示,文化企业融资方式中民间风险资本占 3%,小额贷款占 7%,非上市股权交易占 3%。小额贷款和非上市股权交易是近年来新兴的融资方式,对申请融资的企业要求较为灵活,与多数文化企业的现实条件更加契合,因而发展较快,而上市融资和文化投资基金融资这两种方式有待进一步发展。

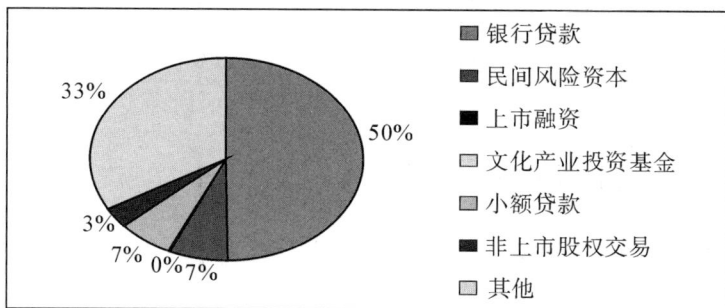

图 2　问卷调查显示的厦门市文化企业融资方式

(3)融资需求规模相对较大

根据问卷调查结果,各企业的融资规模相对于主营业务收入并不小。主营业务收入在 1 000 万元以上的企业占总数的52.94%,而融资需求规模在 1 000 万元以上的企业占总数的 36.11%。

(4)融资需求类型以中长期资金需求为主

按照资金需求期限划分,只有 8.33% 的企业需要短期流动资金,期望的融资期限在 1—3 年的企业占 47.22%,期望的融资期限为 3—5 年的企业占 27.78%,期望的融资期限为 5 年以上的占 16.67%。融资需求类型与企业发展所处的阶段类型相匹配。融资需求愿望最强烈的企业通常是处于成长阶段的企业(根据调查结果,占总数的 75.53%),而这类企业出于扩大市场规模、完善内容和技术设计等方面的需求,更希望获得中长期的资金。

(5)融资目的主要为拓展业务规模

图 3 问卷调查显示的厦门市文化企业融资目的

据调查数据显示,厦门市文化企业融资的首要目的是拓展业务规模,86.11%的企业都选择了这个项目,引进战略合作提升管理水平(58.33%)和启动新项目(58.33%)也是文化企业融资的主要目的。相比之下,选择解决日常资金问题的企业为数较少,仅27.78%。对融资目的的调查结果,与融资需求规模较大、融资期限以中长期资金需求为主的调查结果互相契合,印证了问卷调查的有效性。

(二)个案分析

厦门某文化创意产业集团,成立 13 年,业务涉及文化园区投资管理、会展节庆活动、动漫与数码文化、图书出版等等。目前年收入和员工数等指标达到中型企业的标准,是较早涉足文化创意产业的厦门市企业,目前在厦门的业务已经相当成熟,并且逐年带来丰厚的利润,厦门项目暂无融资需求。但是,该企业在立足厦门的基础上,意欲到省内其他城市投资发展,项目基本已谈妥。由于新项目的启动需要亿元级别的大额长期投资,而企业的自有资金不能满足新项目建设的需求,因此该企业目前急需融资。该企业以往的融资经验是向银行贷款,并且有成功贷款的经验。然而,这次融资同样遭遇了银行对文创企业的"惜贷"难题。目前比较愿意与之进行沟通的银行有招商银行和民生银行,然而两家银行的贷款都要以公司或个人固定资产抵押为前提。该企业的主要经营场所来自租赁,没有大额的固定资产,股东个人的固定资产又不能满足公司亿元级贷款的抵押金额。该企业提出以文化园区经营权和园区店面租金收入权作为质押物,银行方面虽然认可该文化园区经营权和园区租金收入的价值,但是认为不符合现行风险管理规范,无法批准贷款。该企业也考虑通过非上市股权交易中心发行企业债券,但面临同样的困境。该企业虽然有上市的长期打算,但是上市筹备期至少需要 3—5 年,远水解不了近渴。该企业认为,银行贷款仍是多数企业需求融资的主要方式,然而由于银行风险管理的要求较为传统,文化企业的价值难以被银行认可,在金融机构和文化产业之间存在信息不对称的问题,需要政府部门进行沟通和梳理。

该企业的融资障碍代表了大多数企业在融资方面遭遇的状况。根据上述问卷调查结果分析,75.53%的企业处于成长期,项目研发已经完成或已有一定的经营基础,需要进一步扩大规模,因而有较为迫切的融资需求。多投企业资金需求量较大(和营业收入相比),资金需求类型为中长期,主要考虑通过银行贷款渠道融资,但是因无法提供足够的固定资产抵押物而难以获得银行融资。

三、对文化企业主要融资渠道的分析

厦门市文化企业的融资渠道主要有银行贷款、小额贷款公司贷款、非上市挂牌交易等,也有少数企业正在筹备上市。厦门市文化改革发展工作领导小组办公室和厦门市文化创意产业协会已经做了大量的工作,帮助厦门市文化企业从各种渠道获取资金。

(一)融资渠道一:银行贷款

银行贷款仍然是厦门市文化企业的首要融资渠道。通常情况下,文化企业中的印刷企业由于拥有厂房、机器,相对容易获得银行贷款。厦门市的一些网络游戏企业已经形成一定的经营规模,较容易获得银行的贷款支持。其他类别的文化企业多数在一定时期一定程度上遭遇了贷款难题,原因有三:一是固定资产少,难以抵押。文化产业虽然有专利、版权,也由政府认可的评估机构进行评估可以作为贷款抵押,但是由于专利、版权、艺术品的流通市场较狭隘,银行仍然担心这类抵押品在贷款收不回本金之后的变现能力。二是企业规模小,经营风险大。企业规模反映了企业制度建设、治理结构、风险控制能力等情况。企业规模是评价企业信用等级的重要依据,也是许多金融机构在审贷时的重要参考。三是难以找到担保企业。银行出于控制风险的目的,要求互相无参股、无亲戚关系的企业才具有互相担保的资格。而事实上,符合无参股无亲戚关系的企业大多不了解彼此的情况,难以建立信任关系并互相担保。

目前在相关政府部门、银行机构和文化企业的推动下,厦门市各银行机构针对文化企业推出一些新的金融服务,部分解决了文化企业贷款难的问题:

(1)互助合作基金

2012年,"民生银行厦门文化创意产业商业合作社""厦门文化创意产业互助合作基金"成立,已有50家厦门文化创意产业协会会员企业加入该互助合作基金。该互助合作基金的操作形式是,加入基金的企业缴纳一定的押金,便可以从民生银行获得5倍于押金的贷款。

（2）贴息贷款

厦门市针对文化企业的贴息贷款的政策从 2012 年起开始兑现，目前符合条件的市重点文化企业能够获得最高 60％的利息补助（以 50 万元为限），符合条件的非市重点文化企业能够获得最高 50％的利息返还（以 30 万元为限）。

（3）信用卡贷款

光大银行 2014 年推出了企业信用卡贷款模式，信用卡额度为 10 万～50 万元，偿还期限可选择 2 个月或 12 个月。企业信用卡贷款模式对于文化企业有双重作用：一是企业可以轻松获得短期贷款，解决日常资金融资需求；二是企业可以在银行积累信用记录，为将来申请贷款奠定基础。

(二)融资渠道二：小额贷款公司贷款

根据 2012 年出台的《厦门市小额贷款公司管理暂行办法》，小额贷款公司发放贷款应当坚持"小额、分散"的原则。鼓励小额贷款公司面向中小微型企业、农户、个体工商户提供信贷服务。小额贷款公司贷款余额的 70％必须用于单户贷款余额 100 万元以下的小额贷款，同一借款人的贷款余额不得超过小额贷款公司资本净额的 5％。小额贷款公司贷款利率按照市场化原则确定，最高不得超过法定上限，最低不得低于同期贷款基准利率的 0.9 倍。

目前厦门市每个行政区都成立了小额贷款公司。小额贷款公司贷款具有放款快、审核简单的优点，额度一般在 200 万元以内，月利率在 1.5％～2％之间，适用于金额小、周期短的短期借款，适合于文化企业获得流动性资金。

(三)融资渠道三：非上市挂牌交易

2013 年 12 月成立的厦门两岸股权交易中心，为企业提供了非上市股权交易的融资渠道,企业有望在这个平台上获得融资,以及为将来上市做好基础准备,甚至可能通过这个平台发行债券。在调研中我们发现,非上市股权交易方式对厦门市文化企业已经形成一定的吸引力,已有不少文化企业在厦门两岸股权交易中心挂牌。

厦门两岸股权交易中心的挂牌条件较适合中型企业,简称"3211+7",即申请企业必须注册时间满一年,且满足以下条件之一即可:(1)最近12个月的净利润累计不少于300万元。(2)最近12个月的营业收入累计不少于2 000万元;或最近24个月营业收入累计不少于2 000万元,且增长率不少于30%。(3)净资产不少于1 000万元,且最近12个月的营业收入不少于500万元。(4)最近12个月银行贷款达100万元以上或投资机构股权投资达100万元以上。(5)注册地位于火炬高新区内,获得以下至少一项资质认证:高新技术企业、国家火炬计划重点高新技术企业、高新技术后备企业、成长型企业、双软认证企业、科技型中小企业、技术先进企业。

从企业挂牌条件上看,在两岸股权交易中心挂牌对企业规模要求较低,并且对企业固定资产规模没有要求,挂牌不需要经过股权分置改革,企业的信息不需要公开披露;从投资者要求的投资回报上看,投资者希望将资金投给拥有自有品牌和新颖创意、已经形成较成熟的商业模式和团队、具备高成长性的企业,以期获得高收益。综合考虑企业和投资者的因素,两岸股权交易中心这一融资渠道适合中型文化企业获得中长期资金。

(四)融资渠道四:文化创意产业基金

中国文化创意产业基金的前身是中国企业博物馆专项基金,由文化部中华社会文化发展基金会与奇迹中国组委会共同组建,于2008年6月18日正式设立。由于基金的工作重点已经发展到

蓝皮书

文化创意产业园区的投资、规划及运营管理,在征得上级领导的同意后,更名为中国文化创意产业基金。

政府部门设立的产业发展基金对基金管理限制条件较多、要求较高,厦门市尚未设立专门的文化产业发展投资基金。目前,充分利用中国文化创意产业基金的资源,能够为重点发展的文化企业和文化项目筹集资金添砖加瓦。厦门市利用产业发展基金较为成功的,目前主要有电子信息产业发展基金。2008 年度电子信息产业发展基金支持项目,厦门市共有四家企业获得支持,支持总额达到 1 100 万元。

(五)融资渠道五:上市融资

厦门市重点文化企业是拟在未来 5 年上市的主要群体。2010年市文化创意产业协会组织会员企业参加建行厦门分行举办的"中小企业板和创业板上市培训班",就中小企业成长过程中的前期评估改制和股权融资、中期规范化治理和财税审计、后期在中小板和创业板上市的客观要求及监管条件等进行指导。2011 年市文化创意产业协会和市上市办联系,推荐符合条件的拟上市公司,现有多家企业在积极创造条件争取上市。2013 年市文化创意产业协会组织会员参加第三期上市后备企业证券、财务专业人才高级研修班,该研修班由福建省发改委委托厦门大学中国资本市场研究中心举办。

(六)融资渠道六:产业内互助投资基金

文化企业的股东通常是技术人员出身,因此资金充足、技术好的企业通常更倾向于对本企业内部投资,而不是对外投资。遇到优秀企业、优秀团队,更愿意直接吸收入本企业,而不是以投资的方式进行合作。因此,文化企业较难自发形成产业内互助投资基金。

四、其他地区文化产业与金融服务融合发展的经验借鉴

为推动文化产业发展,近两年南京、北京、重庆、天津等各地纷纷出台政策与措施,针对本地区文化产业的特点,大力促进文化资源与金融资源的全面对接,以形成覆盖文化创意企业和文化产品全生命周期、文化创意产业全链条、文化市场全交易环节的金融创新体系。

(一)南京:文化金融服务中心

2013 年 11 月,南京文化金融服务中心由南京市文化改革发展领导小组办公室牵头,依托南京市文化集团组建。南京文化金融服务中心是全国首家综合性文化金融服务中心,按照"政府主导、整合资源、打通路径、多方共赢"的原则,在中小文化企业与商业银行、担保、保险、基金等金融机构之间搭建了一个"信息和增信服务机构",快速收集和对接文化企业融资信息,通过与市文化类产业协会的紧密合作,为全市文化企业提供全方位一站式的金融服务。

1.形成文化企业与金融机构之间的有效连接

南京银行是中心授牌的"文化银行"之一。按照常规,银行给小微企业发放贷款,一般都会在国家基准利率的基础上上浮10%,以规避小微企业轻资产带来的资金风险。如果是中心推荐的企业,文化银行仅按国家基准利率放贷,原力从南京银行获得的1 000 万元贷款,就是按国家基准利率计息的。而银行可能面临的风险,则通过贷款风险补偿机制、信贷利息补贴机制和贷款担保补贴机制来分解。通过中心运作,南京文化贷款累计发放 15.8 亿元,帮扶了几十家小微文化企业获得成长基金,其中文化企业首贷

蓝皮书

户占比超过 50%。

2.构建文化产业金融服务链

南京市文化投资控股集团牵头出资 8 000 万元,吸引社会资本 1.2 亿元,发起成立全国第一家文化小额贷款公司,首期出资额 1 亿元。公司自 2013 年 5 月成立以来,秉承小额分散的原则,在"文化银行"之间拾遗补阙。截至 2013 年年底,已向本市 34 家文化企业累计发放贷款 2.04 亿元,7 个月资金周转率达到 200%。

此外,注册资本 1 亿元的江苏省文化产权交易所,以版权交易和艺术品交易为核心,也涵盖艺术品质押融资业务;初始规模 1 亿元的南京市文创科技投资基金,主要为该市拥有核心自主知识产权、"321"文化科技领军人才等处于初创期的文化企业提供资金扶持;南京文化创业投资基金,初始规模 1 亿元,旨在加快推进文化企业实现上市。

3.设立作为"劣后资金"的风险补贴专项资金

南京市政府每年针对文化产业安排一笔风险补贴专项资金。一旦发生贷款风险,市区两级政府和银行将按照 7∶3 比例共同承担。"通过产业与金融的结合,创新设计符合文化企业特点的金融创新组合产品,中心打通银行、基金、保险、小贷、担保、交易所之间的壁垒,形成文化产业金融体系网络"。

(二)杭州:西湖模式

西湖模式是在 2007—2008 年上半年银根紧缩的宏观背景下形成的关于中小企业融资困难的制度创新模式,是中国正在成长的 PPP(公私合作伙伴关系)的一种方式。西湖模式并非针对杭州文化产业,但是对杭州文化产业发展有直接的推动作用。

西湖模式具体的运作方式是:西湖区政府从中小企业产业引导专项资金中出资 200 万元与中新力合共同出资成立"杭州点石引导投资管理有限公司",负责债权型基金的组织运营,注册资金为 1 000 万元,中新力合全额担保。西湖区将政府扶持资金、银行、担保公司、社会资金相互捆绑,以"小企业集合信托债权基金项目"的方式启动"西湖区企业成长引导基金",总规模逾 2 亿元。

一年中,该基金的"平湖秋月"项目为西湖区 20 家科技型小企业提供从 20 万元至 750 万元不等的融资额。杭州市 29 家文化创意小企业入选,一年信托贷款利率为 8.39%(略高于银行一年期基准贷款利率 7.47%),其中有一半以上之前从未获得过银行贷款。

(三)重庆:互联网金融产品

2014 年 7 月,重庆文化融资担保有限公司(简称"重庆文化担保")与重庆本土 P2P 平台易九金融以及第三方支付平台"易极付"签约,共同打造"投融保"互联网金融产品。这不仅拓宽了投资者的理财投资途径,同时有效解决了中小微企业,特别是文化企业的融资难题,探索了文化产业互联网融资模式。

小微文化企业有融资需求,可先向担保公司提出申请,通过担保公司的风险审核后,担保公司将委托易九金融网络营运平台向平台的注册投资人发布该企业的融资信息。投资者只需登录易九金融官网进行注册,然后激活个人账号进入账户,按规定进行实名认证,选择"我要投资"进入项目,就可以通过银行卡转账易极付进行投资。

五、对政府部门在文化产业与金融服务融合发展方面的建议

从上文的分析中可以得出,文化产业的融资需求和传统的金融服务之间存在较大的分歧,分歧的根源在于信息不对称以及对风险的承受程度不同。因此,有必要在文化产业和传统金

融服务之间建立更好的信息沟通渠道,拓展文化产业的融资渠道,使之接轨于新型金融服务。信息不对称导致的"市场失灵",使得这个过程更需要公共部门的扶持与帮助——政府部门通过制定和实施一系列针对产业的金融政策,帮助企业顺利融资,扶持产业发展。

为了加快发展厦门市文化产业,需要有更多的金融服务创新。在促进厦门市文化产业与金融服务融合发展方面,政府部门的功能主要体现在以下两点:第一,培育和支持金融机构的金融服务创新;第二,促进企业、金融机构之间的交流与沟通。

(一)成立文化金融服务中心,服务各类文化企业

成立市文化金融服务中心,通过密切文化企业与金融机构的联系,促进文化企业成功融资。厦门市文化金融中心可以由市文化改革发展办公室牵头,与市金融办、金圆集团联合组建。市文化金融服务中心的主要功能包括:

第一,成为文化企业与金融机构之间的连接纽带。在文化金融服务中心集聚文化资产评估、投资、交易和各类金融机构。定期举办文化企业与银行、小额贷款机构、投资基金、非上市股权交易中心等金融机构的见面会,并在见面会后及时向企业和金融机构了解、反馈情况,安排进一步的洽谈。

第二,构建针对处于生命周期各阶段的文化产业金融服务链条,包括扶持初创企业的天使投资基金、帮助中型企业拓展业务规模的非上市股权交易中心、推进市重点文化企业上市的风险投资基金、奖励为文化企业提供信贷的银行等等。

第三,推动相关的平台和市场的建设。例如,推进文化产业专利交易平台的设立,促进专利评估市场的开发与建设、建立与完善文化企业信用体系等等。同时,促进文化企业申报厦门市"成长型"中小企业,分享一般中小企业的融资平台。

第四,定期为文化企业举办金融知识培训。充分利用厦门各大高校的教育资源,对处于创意期、创业期、发展期、成熟期的企业,分别量身定做融资计划课程,提高文化企业的金融参与意识,深化文化企业对各融资渠道的理解,优化文化企业的融资行为。

(二)以合适的方式投资于文化产业,支持成长期文化企业

政府直接投资产业往往能够在较短的时间内促进产业发展和腾飞。根据课题组的调研结果,厦门市文化产业的多数企业处于成长期,主要的融资目的包括拓展业务规模、启动新项目、引进战略投资者。因此,支持文化产业的财政资金应主要用于满足成长期企业的拓展业务规模需求。

政府"劣后资金"是近年来新出现的政府投资产业的方式,目前在杭州和南京得到了应用,它们的成功经验对厦门发展文化产业具有借鉴意义。这种方式有利于通过发挥政府的力量集中发展文化产业,并且通过劣后资金的杠杆作用,放大政府金融支持的实际作用。

厦门市非上市股权交易中心具有包括发行债券在内的多种投融资经验,并且是厦门市文化企业的主要融资来源之一,厦门市政府可以尝试与厦门市非上市股权交易中心合作,以厦门市财政局出资为"劣后资金",分别投入资金成立文化产业投资基金。一旦发生资金风险,市政府和银行按照7:3比例共同承担。投资基金用于经营对文化企业的私募债、股权质押贷款等业务。

(三)出台政策支持相关金融服务创新,扶持小微文化企业

第一,完善贷款风险补偿机制。

根据本课题调研结果,银行贷款目前仍然是厦门市文化企业的首要融资渠道。贷款风险补偿机制能够有效降低银行向文化企业放贷的风险,并在此基础上降低文化企业申请贷款的难度。厦

蓝皮书

门市可效仿已出台的《厦门市小微企业贷款保证保险试点办法》和《厦门市中小企业融资担保机构风险补偿资金管理办法》，通过安排文化企业信贷风险资金预算，以及向为文化企业提供融资担保的担保机构提供资助，完善文化企业贷款风险补偿机制。

第二，拓展小额贷款公司业务。

厦门市小额贷款公司的贷款金额较小，一般用以满足文化企业的流动性融资需求。政府部门可以出台相关政策允许小额贷款公司进一步拓展业务，在有质押品的基础上提高贷款额度。例如，小额贷款公司可以与厦门海峡两岸文化艺术品交易所推出系列配套服务。对于艺术品质押物申请贷款的客户，小贷公司可以充分利用厦门文交所这一艺术品交易平台的优势，为艺术品质押物寻找意向收购方，并与意向收购方签订具有典当性质的相关协议，并按照该协议的估值进行放贷，以解决对艺术品质押物估价难、放贷难等问题。

第三，尝试互联网金融与文化产业的对接。

互联网金融突破银行的传统垄断，实现了金融普惠制，是金融体系的有益补充，有利于更多的民间资本进入小微企业。互联网金融与文化产业的对接，尤其有利于小微文化企业获得资金。

（四）加强上市宣传与培育工作，鼓励成熟期企业上市

虽然厦门市一些文化企业已进入经营的成熟期，原有项目已带来丰厚利润，进入技术和管理创新期，比较具备上市的条件。然而这些企业在向银行申请贷款时能够比较顺利的取得贷款，融资压力较小，上市的动力不足。事实上，上市不仅是企业融资的一种方式，更是企业做大做强的重要途径；上市的过程就是企业改善公司治理的过程。因此，有必要鼓励经营达到一定规模、已进入成熟期的企业申请上市，利用资本市场实现公司的全面发展，成为带动产业发展的龙头企业。厦门市委宣传部、厦门市文发办、厦门市证

监局可以建立战略合作关系,共同制定政策、采取措施促进厦门市文化企业上市。

首先,加大对文化企业上市的培训和宣传力度。通过政策宣传和企业申请,确定一批"上市培育文化企业"。定期邀请证监局、证券交易所及证券公司、会计师事务所、律师事务所对"上市培育文化企业"开展培训,提高"上市培育文化企业"资本运营意识和能力,加快上市步伐。

其次,对"上市培育文化企业"给予经费支持和服务支持。对正式与上市保荐机构订立辅导协议并经厦门证监局辅导备案的拟上市企业,可按有关规定向厦门市文化产业发展专项扶持资金申请一定的上市前期经费补助。企业申报材料被监管部门正式受理后,可再向厦门市文化产业发展专项扶持资金申请一定的经费支持。对"上市培育文化企业"进行动态信息管理。加强调查研究和统计分析,研究确定工作重点,有针对性地提出具体指导措施。推动优秀证券机构配备熟悉文化产业的投行人员,参与"资源库"建设,对列入"资源库"的企业提供针对性服务。

最后,鼓励优秀中小文化企业在两岸股权交易中心、新三板等市场挂牌,帮助成长期的文化企业较快过渡到"成熟期"。鼓励企业通过股权托管、交易、定向增资等方式解决企业价值发现、融资和流通问题,提高企业知名度,也为初创期进入的国有资本和政策资金提供退出渠道。

执笔:黄静如
2014 年 10 月

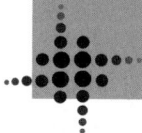

深化厦门市国有文化资产管理体制改革研究

◎ 市国有文化资产管理调研组

按照党的十八届三中全会提出的"建立党委和政府监管国有文化资产的管理机构,实行管人管事管资产管导向相统一"的要求,市委和市全面深化体制改革领导小组把"构建党委和政府监管国有文化资产的管理机构,完善工作机制,实行管人管事管资产管导向相统一"列入 2014 年厦门市文化体制改革的重点工作,明确由市委宣传部(市文发办)牵头研究提出相关实施方案。为此,市文发办会同有关部门,赴国内相关城市进行专题调研,积极借鉴国内相关城市的有益经验,结合厦门市国有文化资产管理实际,形成本调研报告。

一、问题的提出

在文化体制改革前,"四管"问题是不存在的。因为文化单位大多数是事业单位,资产属于国家所有,资源由国家统一调配,人员是国家事业编制,领导层级清晰,不存在复杂的管理问题。

但在文化体制改革后,事情就起了变化。只有少数国有文化事业单位能保留在事业单位序列,大多数转变成企业(到 2013 年底,国有文化企业达到了 12 000 多家),成了自主经营、自负盈亏、自我管理、依法运营的市场主体。然而,文化企业与一般企业不同,具有经济形态和意识形态的双重属性,经营过程中,不仅要注重经济效益,更要把社会效益放在首位。作为社会主义文化建设主力军的国有文化企业,其性质决定了它不仅要肩负着实现国有资产保值增值的经济责任,更要承担起引领社会风尚、弘扬社会主义核心价值观的社会责任。

在这种情况下,国家对文化企业的管理就不能简单地一放了之。既要发挥企业的自主经营积极性,又要确保党和政府对重大事项的决策权、资产配置的控制权、宣传文化内容的终审权、主要领导干部的任免权。这就需要通过资产管理体制改革,通过构建新型国有文化资产管理体制,以及企业运行机制转换,实现新形势下企业自主经营和文化资产监管的有机统一。但收放之间,尺度的拿捏、责权的梳理、制度的设计,却不是件易事,"四管"问题也由此产生。事实上,从新中国成立以来,对如何做好国有文化资产监管的探索,一直没有中断过。如下表。

表 1　国有文化资产监管的四个阶段

监管阶段	监管主体	管理内容
全面管理 (1949—1988 年)	企业主管部门	对企业资产、财务、人事和投融资事项进行全面管理。
联合管理 (1988—1998 年)	国有资产管理局	在服从国家统一政策前提下,接受国有资产管理局、行政主管部门、同级财政部门管理。
分工管理 (1998—2010 年)	财政、宣传、文化行政主管部门	2007 年财政部等五部门联合发文,财政部门资产监管+文化行政主管部门具体管理+党委宣传部门负责主要领导干部监管、组织协调、宣传指导以及重大国有文化资产变动审查把关。
专题管理 (2010 年以来)	国有文化资产监管专门机构	2010 年,中央文化企业国有资产监管领导小组以及办公室成立。2013 年十八届三中全会提出,建立党委和政府监管国有文化资产的管理机构,实行管人管事管资产管导向相统一。

二、相关省市国有文化资产管理的
实践探索和主要模式

2014年6月,市委宣传部、市文发办会同市财政局相关人员,前往南京、上海、杭州、宁波学习考察国有文化资产管理经验和做法,获得了有益启发。调研组感到,南京和上海的做法较有特色,在实现"四管"相统一方面进行了积极探索,对构建厦门市国有文化资产管理体制有重要借鉴意义,本调研报告特将其相关做法进行介绍。此外,对于国内其他省市的一些做法,本调研报告也根据相关资料作一简要梳理,以便对国内国有文化资产管理体制有更全面的了解。

(一)南京国有文化资产管理体制机制相关情况

1.主要做法

(1)成立市文资办

2012年10月,南京市委、市政府下发《关于组建市属国有文化资产监督管理办公室的通知》(宁委〔2012〕313号),决定组建市属国有文化资产监督管理办公室(以下简称"市文资办")。明确市文资办设在市委宣传部,在市文化改革发展领导小组领导下,统筹规划和实施市属国有文化资产改革发展相关工作,承担对授权范围内市属国有文化资产的监督管理、综合协调、考核评价等职能。

宁委〔2012〕313号明确,市文资办的主要工作为:建立和完善各项规章制度,理顺市属国有文化资产监督管理体制机制;履行政府出资人监管职能,对市属国有及国有控股文化企业的发展战略和规划、投融资规划等重大事项进行审查,确保国有文化资产保值增值;指导和推进市属国有文化企事业单位的改革、重组、兼并、破产等事宜,协调解决市属国有文化企业在改革发展中的困难和问题;指导和推进市属国有文化企业建立现代企业制度和现代产权制度,完善法人治理结构,促进国有文化资产合理流动和优化配置;建立和完善国有文化资产保值增值指标体系,组织对市属国有文化资产收益、文化企业负责人进行考核评价;代表市政府向所监管企业派出监事,参与市属国有文化企业财务负责人的考核任免工作。

宁委〔2012〕313号明确,市文资办主任由市委常委、宣传部长兼任,市委宣传部分管领导任专职副主任,市委、市政府分管文化方面的副秘书长和市财政局、市文广新局分管领导任兼职副主任。市委宣传部相应调整和增设内设机构,作为市文资办的具体办事机构。

(2)落实人员编制

根据宁委〔2012〕313号文精神,市委编办核准市委宣传部增设2个处:国有文化资产监管处、产业促进处,2个处共增加行政编制5个(其中处级编制2个)。增加编制后,分别从市财政局、审计局、物价局、统计局调人到国有文化资产监管处工作。此前在2006年,市委宣传部正式内设文化体制改革与发展办公室,编制5个(其中正、副处编制各1个)。此次新设2个处室后,南京市委宣传部把原有的市文化体制改革与发展办公室与新设的国有文化资产监管处、产业处这3个处、10个编制的人员统筹在一起,由同一名分管副部长分管,开展文化体制改革、文化产业发展和国有文化资产监管工作。

(3)建章立制开展工作

编制人员到位后,市文资办陆续出台了《南京市市属文化企业国有资产监督管理暂行办法》、《南京市市属文化企业重大事项管理暂行办法》等文件,逐步建章立制,加强国有文化资产监管。

2.主要特点

(1)南京模式较好地实现"管人管事管资产管导向相统一"。如何实现"管人管事管资产管导向相统一",这是构建国有文化资产管理体制的关键。南京模式较好地解决了"四统一"问题,也有利于确保党委宣传部门始终掌握"重大事项的决策权、资产配置的控制权、宣传文化内容的终审权、主要领导干部的任免权"。把"四权"牢牢掌握在党委宣传部门手中,这是中央领导同志有关讲话反复强调的。南京模式受到中宣部的肯定,刘志军副部长在听取南京汇报时,肯定南京模式是创新,要求沿着这条路子走下去。

(2)南京模式目前只监管国有文化企业,尚未包括国有文化事业资产。目前南京市文资办只监管4大国有文化集团,分别是:南京报业传媒集团、南京广电集团、南京市文化投资控股集团、南京出版传媒集团。

(二)上海国有文化资产管理体制机制相关情况

1.主要做法

2004年,上海作为全国文化体制改革试点地区,提出以产权为抓手推进体制改革,并在国有文化资产监管方面进行探索。主要做法:

(1)建立机构

2004年6月,经上海市编办批准,上海市委宣传部国有资产监督管理办公室(以下简称"国资办")正式成立,作为宣传部内设的正处级单位,具体负责文化领域国有资产监管的相关工作,编制7人。11月,上海市国资委将其监管的文化领域全部国有资产委托上海市委宣传部监管,并完成了监管关系调整的法律手续,标志着上海市委宣传部负总责的上海国有文化资产监管架构正式建立。

（2）统一管理

上海市委宣传部受市国资委委托，具体履行出资人职责，在资产处置和变动时向国资委报备，并形成了上下一体、全方位覆盖的国有文化资产管理体系。

（3）建章建制

根据国有文化资产监管的特性，按照遵循统一规范、实行单列操作的原则，在全国最早制定了一整套国有文化资产管理的规范和制度。

（4）夯实基础

建立了国有文化资产基础管理体系。主要包括两方面：一是财务信息统计。市委宣传部国资办与监管的各层级企业直到末端企业全部实现计算机联网，按月统计财务信息，并开展月度和季度分析，以掌握企业发展真实情况，及时发现异动。二是年度审计。对监管企业开展独立的年度内部审计，并将原来的由纪检组管审计改为由业务主管部门管审计，增强针对性和可控性，更好地促进产业健康发展。目前，上海市已搭建了文化领域国资管理信息平台，所有的信息报送和材料报送都通过计算机网络进行并可以核查。

（5）干部管理

市委宣传部任命五大集团的主要领导。五大集团（公司）中，上海文广集团、解放日报报业集团、文汇新民联合报业集团和上海世纪出版集团的领导班子由市委宣传部负责管理，精文投资总裁由市委宣传部任命和管理。

（6）绩效考评

企业主要负责人实行年薪制，由市委宣传部以国资经营业绩为基础，同时考虑宣传导向、党建、资产总量、难易系数等因素进行综合考核，建立业绩考核办法、薪酬体系以及激励机制。鉴于文化企业的特殊性，考核指标目前已由一年一定改为两年一定。另外，在收入构成上有级差,拥有垄断资源的单位,如上海文广集团;难度系数最低,无垄断资源的,如精文投资;难度系数最高,世纪出版集团和两大报业集团则处于中间位置。

(7)资产重组

重在改编不收编,通过推动重组和上市,扩大国有文化资产规模,提高市属国有文化企业的竞争实力。重组涉及企业战略架构的调整、资产整合及业务结构调整,由市委宣传部负责实施,以五大集团(公司)为平台,特别是利用精文投资的投融资渠道。从2004 年开始推动新华发行集团借壳华联超市上市,后将解放日报报业集团旗下非时政类报刊的经营性资产通过定向增发注入新华传媒,实现报业集团的上市。2011 年底,推动新媒体公司百视通借壳广电信息上市。目前,正在积极推动上影集团上市。

2.主要特点

(1)实现了国有文化资产的全覆盖。上海市委宣传部国资办的监管范围为上海市市属文化领域全部经营性和非经营性国有资产,这在全国不多见。

(2)管人管事管资产管导向相统一。与其他省市不同,上海市委宣传部行使市属宣传文化系统大口党委的职能,即系统内单位党的组织关系都在市委宣传部,从而做到了"管人";管事就是市委宣传部负责重大事项决策,同时专门成立事业产业处,负责协调上海文化事业与文化产业发展,职责包括事业与产业的规划制订、政策协调、专项基金管理以及重大项目推进等。该部门对外称作"上海市文化事业管理处"。管资产就是市委宣传部国资办受委托具体履行国有资产出资人职责,具体负责监管国有文化资产。管导向就是市委宣传部负责监督和指导新闻舆论、艺术品生产、文化精品创作等工作,体现社会主义核心价值观的基本要求。

(3)管办分离,政企分开,所有权与经营权分开。管办分离就是监管的和办事的分开;政企分开是指政府与企业脱钩,职责分开;所有权与经营权分开是指市委宣传部受托监管,行使出资人职责,享有股东权利,企业管理层受权经营,行使经营权。市委宣传部有关领导特别强调具有行政审批权的部门不能直接管资产,以真正做到政企分开。

(4)经营性与非经营性资产分类管理。对经营性文化资产,按照现代企业制度要求进行管理。所有经营性单位在会计制度方面与上市公司全面对接,采用企业会计准则。非经营性单位则采用事业会计制度。

目前,上海市委宣传部监管的文化领域国有经营性资产为五大集团(公司)所有,分别是上海文广集团、解放日报报业集团、文汇新民联合报业集团、上海世纪出版集团和上海精文投资有限公司(以下简称"精文投资")。五大集团(公司)共有下属企业 700 余家。市委宣传部直管的事业单位 20 余家,其中资产(国资权益)超过 5 亿的大型事业单位包括上海博物馆、上海图书馆、中国福利会、上海市社会科学院和上海大剧院。

(三)国内国有文化资产管理的主要模式

早在 2007 年 9 月,财政部、中宣部、文化部、广电总局、新闻出版总署颁布的《关于在文化体制改革中加强国有文化资产管理的通知》中提出"在文化体制改革试点过程中已对国有文化资产管理体制进行探索的地区,可以结合本地实际继续探索实践,逐步调整、完善和规范"。在这样的大环境中,各地作出了大胆而积极的探索,探索了不同的监管方式。如下表。

表 2　国有文化资产管理模式

模式		中央、省及直辖市
领导小组＋办公室	办公室设在财政部(领导小组组长由中宣部副部长兼任,并在中宣部文改办设置国有文化资产监管处)	中央

蓝皮书

续表

模式		中央、省及直辖市
	办公室设在财政厅	山西、四川、云南、湖南
	办公室设在宣传部	海南、河北、湖北
	办公室分设在宣传部和财政厅	山东
	宣传部内设机构	上海、天津
	设立公司	重庆
	机构单设	北京
宣传部内设机构		广东、浙江
财政厅内设机构		吉林、甘肃、陕西、浙江、福建

需要说明的是,上述模式都是十八届三中全会以前所进行的探索,未能完全体现"四管"相统一的要求。十八届三中全会提出"四管"相统一的明确要求以后,各地都在按新的要求进行探索。

三、厦门市构建"四管"相统一的国有文化资产管理体制的对策思路

(一)指导思想

深入贯彻党的十七届六中全会、十八大、十八届三中全会以及习近平总书记关于文化改革发展的一系列重要讲话精神,坚持社会主义先进文化前进方向,巩固马克思主义在意识形态领域的指导地位,坚持把社会效益放在首位、社会效益和经济效益相统一,按照"管人管事管资产管导向相统一"的要求,建立党委和政府监管国有文化资产的管理机构,建立健全科学有效的新型国有文化

资产监督管理体制和文化企事业单位的运行机制,实现党委、政府宏观管理和文化企事业微观运行的有效结合、实现当前条件下出资人制度和主管主办制度的有效衔接、实现宣传文化管理工作和现代企业制度要求的有效协调。

(二)目标任务

推动党政部门与其所属的文化企事业单位进一步理顺关系,建立党委和政府监管国有文化资产的管理机构,建立健全新型国有文化资产监管体制和运行机制,完善国有文化资产监管规章制度;推动经营性国有文化资产明晰产权关系、建立现代产权制度,完善企业内部法人治理结构,实现经营性国有文化资产的保值增值;推动非经营性国有文化资产合理配置、有效使用,构建事业单位内部法人治理结构,提升公共文化服务的质量和水平;充分发挥国有文化资产在引领社会舆论、弘扬社会主义核心价值观的特殊作用,促进厦门市文化大发展大繁荣。

(三)基本原则

1.有利于加强和改善党对意识形态的管理。国有文化资产承载着宣传文化教育功能,具有意识形态的特殊性,是推动社会主义文化大发展大繁荣的重要基础和保障。党委宣传部门要以出资人管理为平台、依托资产管理和出资人权利,牢牢把握重大事项的决策权、资产配置的控制权、宣传文化内容的终审权、主要领导干部的任免权,加强和改善党对意识形态的管理,确保始终把社会效益放在首位、努力实现社会效益和经济效益有机统一。

2.有利于推进政企分开和政府转变职能。通过国有文化资产监管体制的创新,明确出资人职责,建立党委、政府与文化事业单位和国有文化企业的新型关系,转变政府职能,逐步实行政企分开、政事分开、政资分开和管办分离。宣传部门依托资产管理和出资人权利落实"四管"和"四权",文化行政部门由"管脚下"变为"管天下",实施公共管理,其他行政部门依据各自职责在实现出资人管理和现代企业制度框架的基础上参与管理,各国有文化企业和文化事业单位负责对本单位占有、使用和运营的国有文化资产实施具体管理。

3.有利于推进国有文化企业和文化事业单位的改革发展。以承担社会责任、规范经营决策、资产保值增值、增强企业活力为重点,着力推进转制文化企业加快公司制、股份制改造,完善内部法人治理结构,建立现代企业制度,着力推动文化企业跨地区、跨行业、跨所有制兼并重组,探索组建国有文化资产运营管理公司,提高文化企业发展的规模化、集约化、专业化水平。以优化投入、转换机制、增强活力、改善服务为重点,进一步明确文化事业单位作为社会公共文化服务机构或非营利性机构的定位,着力推动非经营性国有文化资产合理配置、有效使用,推动建立事业法人治理结构,着力优化公共文化服务的供给结构,提升公共文化服务的质量和水平。

(四)主要工作

1.建立国有文化资产监督管理领导体制

根据相关的法律、法规规定,借鉴上海、南京、深圳等城市国有文化资产监管模式,结合厦门实际情况,建议在报请市委、市政府审批同意后,由市国资委按照"高度授权"、"统筹单列"的原则,委托市委宣传部负责市属国有文化资产的监督管理工作。市委宣传部在市文化改革发展工作领导小组的统一领导下负责组织实施国有文化资产监管工作,负责建立市级国有文化企业出资人制度,行使所有权管理者职能。市文发办(或市文资监管办公室)、市国资委、市财政局、市文广新局等部门在市文发领导小组领导下按照各自职责分工配合。

（1）增加厦门市文化改革发展工作领导小组"国有文化资产监管工作"的领导职责

在现有协调机构"厦门市文化改革发展工作领导小组"（简称"市文发领导小组"）的工作职责中，增加对国有文化资产监督管理工作的领导职责。

（2）关于国有文化资产监督管理工作的办事机构

方案一：增加市文发办职能，由市文发办具体承担国有文化资产监督管理的日常工作。市文发办全名规范为"厦门市文化改革发展与国有文化资产监督管理工作领导小组办公室"，仍然简称为"市文发办"。

方案二：由市委宣传部、市国资委、市财政局、市文广新局联合成立市国有文化资产监督管理工作办公室，简称"市文资办"，挂靠市委宣传部（在宣传部内设立国有文化资产管理处），现阶段具体工作由市文发办负责。

从便于开展专项工作的需要看，建议选择方案二（南京市文资办即是采取这种方式）。

从长期来看，根据事业发展的需要，建议不管是"市文发文资办"或"市文管办"，还是"市文资办"，（以下先简称"文资监管办公室"），都要考虑高配正处副局级，承担市属国有文化资产监管专门机构的职责，做实出资人管理机构，对市属国有文化资产实施综合管理。现阶段可考虑在市委宣传部增加1个处级领导职数，在文化发展改革处增加1—2位工作人员，具体负责国有文化资产监管的日常工作。

2.明确国有文化资产监管范围

国有文化资产监督管理的范围包括：市级文化事业单位的国有文化资产、市属国有文化企业（集团）所占有、使用及运营的国有资产、非文化企事业单位所管理和运营的市属国有文化资产，以及其他划转管理的国有文化资产。

3.明确国有文化资产监管内容

厦门市国有文化资产监管的主要内容是：市属国有文化资产的产权界定、产权登记、产权变动和产权处置等；国有文化资产的投资、使用、转让和处置以及非经营性资产转经营性资产的审批；资产评估监管、清产核资和资产统计；国有文化资产使用及运营的监督，发展规划和年度营运计划的审核审批，经营业绩和国有资产保值增值的考核；薪酬管理、全面预算管理、收益管理、年度审计和专项审计等；国有文化资产经营负责人委派和任免等。

4.明确市属国有文化资产监督管理职责分工

以加强出资人管理为目标，在市文化改革发展工作领导小组的统一领导下，市委宣传部统筹协调，市国资委、市文广新局、市财政局分工负责、密切配合，形成监管合力，共同推进国有文化资产监管工作，实施市属国有文化企业资产财务关系单列，从制度设计上落实国有文化资产有效管理和不增加国有文化企业资产财务管理环节，实现"四管"相统一的国有文化资产管理新体制。

（1）市委宣传部职责。在市文发领导小组的领导下，市委宣传部根据市国资委的高度授权，对国有文化资产监督管理中的有关重大事项出具审查意见，对委托权限范围内的重大事项进行审定；根据市委、市政府的决策，协调、指导市文广新局对非经营性国有文化资产的合理配置、有效使用进行具体监管，防止国有资产流失、被挪用、被挤占。

（2）市文资办职责。在市文发领导小组的领导下，市文资办负责国有文化资产监督管理体制机制等制度建设、组织协调等具体工作。

（3）市国资委职责。市国资委代表市政府履行市属国有文化企业出资人职责，按照"统一并表监管，高度授权经营"的原则，对经营性国有文化资产实行委托管理，并在市文发领导小组领导下做好市属文化企业（集团）财务报表汇总、资产评估、资产统计等基础管理工作。

（4）市文广新局职责。在市文发领导小组的领导下，市文广新局负责市级非经营性国有文化资产的具体监督管理工作。

（5）市财政局职责。在市文发领导小组的领导下，市财政局负责国有文化资产的确权、评估、收益管理、资产统计等基础管理工作。

（6）其他受托监管机构的工作职责。

厦门市国有文化资产投资运营管理公司根据市文化改革发展工作领导小组和市委宣传部的授权范围履行出资人职责，对市属文化企业国有资产的投资运营进行监督管理，实现国有文化资产保值增值。厦门日报社、厦门广电集团根据市文化改革发展工作领导小组和市委宣传部的授权，分别对其出资设立的文化企业国有文化资产的运营情况进行监督管理。

（7）各文化企事业单位工作职责。

各文化企事业单位负责对本单位占有、使用的国有文化资产实施具体管理，接受市委宣传部、市文资监管办、市文广新局、市国资委和市财政局的监督、指导并向其汇报有关国有文化资产管理工作。市属国有文化企业要在市文发办和市文资监管办的指导下深化改革，推进公司制、股份制改造和国有经营性资产的整合工作；按照现代企业制度要求，建立以企业董事会、经理层和监事会为核心内容的法人治理结构，保障出资人权利，构建决策、执行、监督相互分工、协调运转、有效制衡的现代企业运行管理机制，落实国有文化资产保值增值责任，实现文化企业社会效益和经济效益的统一。

5.完善市属国有文化资产监督管理制度体系

根据国有资产监管法规和我市国有文化资产监管体制的特点，从落实监管职责出发，制订一整套国有文化资产监督制度，以规范国有文化资产监督主体、经营性国有文化资产营运主体和非经营性国有文化资产运作管理机构的行为准则及程序,确定国有文化资产监管主体与经营运行主体的事权划分。

现阶段重点要研究制定国有文化企业的经营业绩和社会效益考核制度,促进经营性国有文化资产运营负责人落实国有文化资产保值增值的经济责任和引领社会舆论、弘扬社会主义核心价值观的社会责任;研究制定薪酬管理制度,形成激励约束机制,激发企业负责人的创造力和积极性。建立年度述职制度,推动国有企事业单位负责人积极主动、廉洁高效地履行职责。

本着先易后难、逐步推进的原则,根据厦门文化事业、文化产业发展规划和战略布局的要求,逐步对市属宣传文化系统国有文化资产管理运营主体和国有文化资产使用管理机构的格局进行整合调整,对非文化企业事业单位管理和运营的市属国有文化资产进行产权登记、使用效益评估等工作,逐步建立和完善全市国有文化资产监管体系,更好地发挥全市国有文化资产的整体效益。

执笔:戴志望　李长福　刘宏宇　卓秋黎

2014 年 9 月

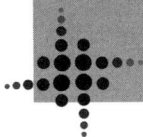

厦门文学品牌产业化开发的策略与途径探讨

◎ 市文联课题调研组

文学是艺术之母,更是文化之本;文学不仅是支撑整个文化产业的基石,更关乎其质地与灵韵。随着互联网和新媒体的快速发展,文学产业化已成为一种文化产业形式。在千百年的历史发展进程中,厦门文学从无到有,茁壮成长,现已形成厦门的一个重要文化品牌。如何有效利用这个品牌,以市场运作的方式推进厦门文学产业化的开发,这对于树立厦门的文化形象、发展厦门文化产业至关重要。

一、厦门文学品牌的内涵及特征

厦门素有优秀的文学传统,品牌效应已经形成。早在唐宋时期,就出现"文学神童"陈黯、北宋贤相苏颂等一批在当时文坛具有重要影响的诗文名家;明清时期,涌现了"海都四才子"和黄日纪等一批文人骚客;近现代的辜鸿铭、童晴岚、鲁藜等文化大家、诗人更是名闻天下;革命作家莫耶(代表作《延安颂》)、马寒冰和萧马(严歌苓之父)也曾被文坛所传颂;台湾著名作家赖和、林秋梧、余光中、王梦鸥、姚一苇曾在厦门学习或工作过,他们坦承厦门生活影响了他们日后的文学创作;厦门籍作家王安忆、汪国真和斯好等人的作品,也曾风靡全国;舒婷、易中天、须一瓜、赖妙宽、高和、晓玲叮当、李秋沅以及《小城春秋》(作者高云览),歌仔戏《邵江海》和《蝴蝶之恋》、高甲戏《阿搭嫂》、南音乐舞《长恨歌》(编剧曾学文)等作家作品誉满全国;以郑朝宗、林兴宅、杨春时、俞兆平、陈仲义等为代表的文学评论蜚声全国。厦门还是世界华文文学研究的重镇,20世纪20—40年代,以鲁迅、林语堂、许地山、鲁彦等30多位全国一流的作家齐聚厦门,厦门"文学圣地"也曾轰动一时;就是在20世纪80年代,著名作家丁玲也曾寄居厦门,留下诸多作品。厦门文学品牌的建立和形成,是在厦门文化成长过程中不断发展而积淀起来的,是一代又一代厦门作家呕心沥血、笔耕不辍而累积起来的硕果。

厦门文学品牌源于中华传统文化,以厦门地区为主,综合厦门多元文化特色,在厦门文化基础上形成的有形和无形资产的厦门文学知识总和。厦门文学品牌是厦门文化最核心的基因,它蕴涵着厦门人深刻的价值理念、情感表达、审美品位、生活情趣、个性修养等精神元素,体现了厦门文化的温馨包容和高雅恬淡的生活品位。

归纳起来,厦门文学品牌至少具备以下四个特征:

1."位卑未敢忘忧国"的爱国情愫。厦门偏于东南一隅,远离中央政权。厦门文学在中国文学版图的位置,始终不在中心。然而厦门诗人作家们始终默默坚守自己的"信仰":"位卑未敢忘忧国",怀揣朴素的爱国主义情愫,弘扬真善美,传递积极向上向善的价值观。《小城春秋》真实地再现了厦门抗日救亡运动,塑造了一批勇于为国捐躯的知识分子形象,他们面对暴虐,选择的是战斗和牺牲,让灵魂发出最耀眼的光芒;直面"文革",舒婷不回避灰暗,更记录光明,她的抒情短诗《祖国啊,我亲爱的祖国》,以一个普通女工的赤子之心,描述祖国的贫穷与落后;以拳拳的女儿之心,真挚地抒发了对祖国母亲的哀怨和无限深情,吹奏出厦门文学一曲催人泪下的动人乐章。即使在社会转型期、"网络文学"风行的年代,国内文坛刮起阵阵"低俗欲望"怪风时,厦门也不屑跟进,很少有人愿意去书写那些有损人格和文格的文字,这就是厦门文学品牌的内核,更是厦门城市精神的水分和盐分。厦门文学以自己卑微的身躯、独特的方式挺起民族的脊梁、扛起民族精神的旗帜,担当起振兴中华的重任。

2.**"天人合一"和"人性关怀"的哲思之美。**诗歌是厦门文学的典型代表,而"天人合一"和"人性关怀"则是厦门诗歌的一个根本特征。厦门可谓是"诗歌城市",曾为现代新诗输送了像童晴岚、鲁藜、云鹤、鲁萍等蜚声海内外的实力派诗人;在20世纪70—80年代又诞生了舒婷;跨入新世纪,厦门又群体性崛起"青年诗群"。"城在海上,海在城中",诗意的风景,深厚的人文底蕴,惬意地栖居,闲适地生活,厦门诗歌之所以名扬天下,应该与其自然环境、人文环境、民俗世相、人物情感等因素相关。也许正因为一直根植于这种"天人合一"和"人性关怀"的哲学审美,厦门一代又一代的诗人作家在"灵肉合一"思想境界中,不断诠释出人与自然、人与社会的关系。舒婷是厦门文学的"时代标签"。她的诗歌把天地之美寄予生命,轻盈、质朴、潇洒自然,貌似随意的诗句,总能给人以绵长的情思和深刻的哲理,体现了中国诗学"天人合一"和"人性关怀"的最高境界。余光中评价:"舒婷长期一个人生活在鼓浪屿是得天独厚的,她的作品有很多风格"。舒婷本人也坦陈:"地缘对于作家的影响与生俱来,不容否认。好像胎记,不管别人能不能看得见,也不用经常伸手去确定,它终生都在自己屁股上。"

3.**鲜明的时代性、多样性和跨文化性。**戏剧是厦门文学的一大亮点,早在1996年,歌剧《阿美姑娘》就获得第七届"文华新剧目奖"。翌年,该剧又获得第五届中国戏剧节"曹禺戏剧奖·优秀剧目奖"。2002年,南音乐舞《长恨歌》获第十届"文华新剧目奖"。2007年,歌仔戏《邵江海》成功问鼎第12届"文华大奖"。厦门歌舞剧院曾以音乐话剧《雁叫长空》、《停一停,等等我们的灵魂》分别夺得第十届、第十一届中国戏剧节大奖,创下我国建国60年来一个演出团体连续夺得两届国家戏剧大奖的辉煌业绩。2014年8月,厦门歌舞剧院又推出第三部"音乐话剧"《老宅》。2009年和2012年歌仔戏《邵江海》和《蝴蝶之恋》连续两届荣获全国精神文明建设"五个一工程奖"的优秀戏剧奖。5年内连续两届有两部剧目获此大奖,这对地方剧种而言,在全国都极其罕见。厦门戏剧连续入选第7—11届中国戏剧节,4部作品均获得"中国戏剧奖·优秀剧目奖"。戏剧界的"厦门现象"引起关注。厦门戏剧创作的巨大成功,与其鲜明的时代性有着直接关系。从剧本到导演、舞台美术,厦门这些剧目,无不紧扣时代特性,关注现代人的审美标准,散发着厦门戏剧的魅力,成功地实现了传统与现代、乡土与时尚对接的艺术实践,标志着厦门的戏剧观念、艺术眼光、创作实力已经跻身全国前列。厦门是个移民城市,就连唐代的陈黯、现在的易中天等以及新崛起的厦门许多青年诗人作家都是外地移民。

五湖四海地域文化的差异性,也造就了厦门文学在题材、语言和风格上的多样性和跨文化性,这是厦门文学又一显著特征。

4.构成元素十分丰富,充满生命力和创造力。厦门文学,尤其是厦门民间文学、戏剧等,孕育于中原古老文化(河洛文化)与闽越土著文化的碰撞、融合,在闽南方言、民间宗教信仰、民俗风情以及古老神话传说等基础形成和发展起来的,综合了闽越土著民族文化、中原古老文化以及台湾少数民族文化的精华(以歌仔戏最为典型)等民间文学形式,历史悠久,源远流长,在两岸民众和东南亚华侨中广为传播。这些丰富多彩的民间文学故事,承载着闽南文化的思想精华。通过广大民众丰富的文学想象、独特有序的叙事模式、扣人心弦的故事情节、生动感人的人物形象,以日积月累的口耳相传方式,不仅演绎了闽南文化千百年来的发展轨迹和积淀深厚的闽南文化心理,体现了闽南文化中的优秀成分特别是儒家礼义忠孝的传统习惯,展现了厦门建筑、饮食以及各种自然景观、人文景观、文化心理结构,甚至礼乐制度,充分表达了厦门人对生活的热爱、对社会不平的抗争精神,对生命的感受与体悟、对真善美的执着追求以及审美观、道德观、恋爱观、婚姻观等。厦门文学品牌不仅包含形象、直观的物质文化,还包含极其广阔、深刻的精神文化和制度文化,具有无比丰富的社会和文化内涵,充满生命力和创造力。高云览、舒婷、易中天、曾学文等作家的诸多作品,还流转至台湾地区以及东南亚等地,甚至全世界,突破了厦门文化地理的边界,大大促进中华传统文化对外的传播。

二、厦门文学品牌产业化开发的时代价值与现实意义

在新媒体时代,伴随着互联网技术和出版开发模式的成熟,文学显而易见已成为独立的产业,有着自身的时代价值和现实意义。文学产业是指从事文学产品的生产、流通和提供文学服务的经营性活动的行业总称。

1.文化产业发展离不开文学的基础性作用。文化产业作为一种创意产业,离不开文学的基础性支撑作用。一是文学是艺术之母,文化产业的内容必须依靠文学来提供。内容为王、创意制胜,是文化产业成败的关键。二是文学关乎文化产业的质地与灵韵,更关乎良性的文化生态环境和引导机制的建立。文化产业的内涵是文化,外在形态是产业,而文学则是文化的核心和精华,缺乏文学性支撑的文化产品,只是失去灵魂的躯壳废品。三是文学影响文化产业优势。如果一个地区文学资源稀缺,又不能积聚外来的文学资源,那么,本地区文化产业的独特优势就很难得到体现。四是文学影响文化产业扩张。一些优秀的文学作品,得到市场的热烈响应之后,很快就会被改编成影视、动漫和游戏产品,可以形成一条文化产业链,实现产业扩张,赚取可观的产业利润。五是文学

影响文化产业升级。文化产业要实现升级,必须培育更多的知名文化品牌和文化特色产业优势,这些都需要文学品牌的项目带动。以古典名著《西游记》的产业开发为例,小说问世400多年来,不断被抄录、改写、出版、影视翻拍、动漫网游改编和休闲旅游开发。2013年全年票房216亿,其中周星驰执导的《西游降魔篇》就达12.46亿。这样的成功,不能不归结于小说本身所蕴含的丰富文化内涵和思想光芒。

2.文学发展繁荣越来越需要产业化的推动。过去,文学作为意识形态"体制内事业",时时警惕与规避其商品倾向。这一倾向固然强化了文学的超越性、启蒙性与精英性,但也使文学长期游离于社会需求而"孤芳自赏"。20世纪90年代以来,随着网络文学的飞速发展,文学的商品属性得到全面开发,社会需求、市场消费和作家创作、文学生产进行了"无缝对接",新时期的文学产业化开始"粉墨登场"。20多年来,"新时代文学"风生水起,这在很大程度上改变了以"传统文学"为主体的文坛结构与文学布局。文学产业化,一是可以满足作家的物质需求和市场的消费需要,提高两者对参与文学生产消费积极性;二是在吸引更多文学爱好者参与文学创作生产、大幅度飙升作品数量的同时,也在浩瀚的作品海洋中大浪淘沙,产生了一大批优秀作品。由网络小说改编的电视剧《雪豹》《蜗居》《和空姐一起的日子》《裸婚时代》《步步惊心》,电影《失恋33天》《杜拉拉升职记》以及《致我们终将逝去的青春》等影视作品,同样成功。文学的产业化发展,可以使文学作品更接地气,更容易与读者产生共鸣,产生重大社会影响,使文学事业更加繁荣昌盛。只不过,网络文学的发展还需要引导和监管,使其更加茁壮成长。

3.文学价值和影响力迫切需要产业化来提升。文学除了拥有外在、实用、功利的价值以外,更为重要的是它必须拥有内在的、超越功利的价值,即文学的精神价值与审美价值,包括审美、思想、核心价值理念等。优秀的作家,是一个国家的文化形象、文化品牌。就像英国的莎士比亚、俄罗斯的托尔斯泰、德国的歌德以及法国的巴尔扎克、雨果,印度的泰戈尔和日本的川端康成。我们无法想象,如果没有了孔子、司马迁、李白、杜甫、罗贯中、曹雪芹和鲁迅等,今天的中国会是怎样?作家是民族的良心。伟大的作家,因其对真善美的不懈追求,对土地、祖国和人民的热爱,对人类最真实灵魂的书写与表达,而成为一个民族的良心,成为民族核心价值的承载者和传播者。可以说,文学在本质上是一种生存方式、生活态度、生活内涵,是生命赖以支撑的精神。文学通过产业手段进行开发,文学精神和价值可以得到最大程度的传播和褒扬,才能产生更大的社会影响力。严歌苓的《扶桑》、《天浴》、《第九个寡妇》、《小姨多鹤》、《金陵十三钗》、《陆犯焉识》(电影《归来》)等作品被改编为影视剧产品后,以更为贴近时代和年轻读者的方式让作品获得了更大的社会影响力,作品所承载对社会底层人物、边缘人物的人性关怀以及对历史事件的反思精神等文学理念,则随着影视作品的放映而传播得更为久远。

4.产业化开发还可带来品牌效应和产业联动效应。在全球化时代,与传统消费形态相比,现代消费更注重知识、心理等文化内涵,文化经济化与经济文化化趋势越来越明显。近年来,为了大力发展文化创意产业,越来越多的行业、企业介入到文学生产领域,文学的衍生品生产和服务以超出预计的速度发展,并与第二、三产业实现了强劲的联动发展,进一步推动了市场化和产业化,文学产业化,可实现作家、策划人、出版人、影视制作商和销售商等不同的文学创作生产的参与者,通过分工合作,形成一个巨大的产业链,并带来了显著的品牌效应和产业联动效应,实现文学价值的快速传播和更大的经济效益。以英国女作家 J.K.罗琳为例,她创作的《哈利·波特》系列小说,被翻译成 70 多种文字,在全球 200 多个国家累计销量超过 5 亿册,成为当今最畅销的出版物。这部小说还通过内容开发,改编成影视作品、网络游戏,甚至还修建了游乐城、主题公园,开发了饮料、玩具、糖果、收藏卡片、服装及音像等成千上万种特许经营商品,在出版、影视、制造、旅游、经贸等方面也取得了重大效益。哈利·波特已不再是单纯的小说人物,而成为一个价值高达 2 000 亿美元的产业,其中小说衍生产品的收益占到总量的 70% 以上。

三、当前厦门文学品牌产业化开发存在的问题与困难

厦门有着丰富的文学资源,但调查发现,目前产业化开发面临着许多问题和困难。

1.品牌经营意识淡薄,产业化开发认识肤浅。受自然、人文等多种因素的综合影响,厦门文学一经产生,不可避免打下地域文化的烙印,"品牌"便如影随形。当下,经济文化化、文化经济化愈演愈烈,文化产业迅猛发展,如何打造厦门文学品牌和推动文学产业化,这是厦门文学发展繁荣的不竭动力,更是厦门文化产业做大做强的关键所在。然而,长期以来,厦门文学品牌很少被人提及,文学产业化更是许多人不愿谈及或触碰的话题。一些"传统"作家在座谈时甚至认为,文学产业化是个伪命题,文学不可能也不应该产业化。显然,这种看法已经落伍了,不仅割裂了文学的精神属性和商品属性的有效统一,把文学产业化的社会效益与经济效益放到了对立面,也与马克思主义的艺术生产理论相冲突。其实,早在宋代,中国就出现文学产业,《中国文化产业史》一书指出"只有将功利因素引入文学界,才能出现真正的文学产业。而润笔的常规化和印刷业的迅速发展,更为宋代文学市场提供了新的活力。"最近,中共中央总书记习近平在文艺座谈会上的讲话也给出了这个问题的答案,"一部好的作品,应该是把社会效益放在首位,同时也应该是社会效益和经济效益相统一的作品。优秀的文艺作品,最好是既能在思想上、艺术上取得成功,又能在市场上受到欢迎"。

2.品牌整体实力不强,文学产业化链条缺位。目前,厦门的诗歌、散文、戏剧以及儿童文学创作,在全国享有声誉,但在小说,尤其是长篇小说方面,依然是块"短板",尽管每年有20多部长篇小说问世,但厦门始终缺乏一部鸿篇巨制,再现厦门近代、特别是改革开放以来波澜壮阔的历史社会图景。深度挖掘厦门文化底蕴,关乎民族、国家安危和人民幸福的鸿篇巨制,也极其少见。以神话传说、民间故事为载体的厦门民间文学资源,目前也濒临被遗忘、失传的危险。抢救、挖掘和保护这些文学资源越来越迫切。由于网络等新媒体文学发展的相对滞后,厦门作家绝大多数的作品,仍然通过传统的报刊图书单一传播渠道来刊发,"网络小说"发展的滞后和传统作家的不愿"触网",严重影响厦门文学品牌的传播和实力的形成。为此,厦门一些作品虽得过大奖,但其影响力、知名度仍不够高,作品只停留于文本撰写、图书包装的初级阶段,衍生品的开发和销售为数不多。目前,厦门文化产业还面临文学内涵缺失、市场信息化低、生产规模小、融资渠道狭窄等"瓶颈"问题,导致产业化效果不理想。

3.资源外流现象严重,"借鸡生蛋"能力欠缺。近年来,美欧韩日等发达国家,不仅大力开发本国的文学资源,也经常借助挖掘他国的文学资源,来发展本国的文化产业,并取得了巨大成功。以美国为例,从某种意义上说,美国文化仅仅是欧洲文化的延伸;但美国文化又与欧洲不同,美国人几乎是在一片荒芜旷野之地,利用短短的300年时间,创造了雄霸全球的文化产业神话。这一成功与美国人放眼世界、博采众长的思维理念密切相关。美国不仅开发了国内几乎所有的畅销小说,而且还把他国文学资源为己所用,美国拍摄的《功夫熊猫》、《花木兰》,全球累计票房就达近20亿美元。在国内,近年来,浙江、深圳等地文化产业异军突起,雄居全国前列,也缘于此。然而,长期以来,厦门不仅"借鸡生蛋"的能力欠缺,而且本土作家作品大多在省外开发利用。厦门作家李晓玲(晓玲叮当)现已出版三大系列 30 余部作品,发行量超过 500 多万册,还荣膺过中宣部第十二届"五个一工程"图书奖和第十一届中国图书奖等。评论家称之为"孩子心灵成长的魔法书","中国孩子的'心灵鸡汤'"等。她的作品开发很具市场潜力,但现在却被江西 21 世纪出版社"买断"经营,实现了全方位、多产业的开发。由其作品改编的系列漫画、动画片、动漫网游产品等,都创造了不菲的经济价值。高和、须一瓜等作家作品的影视改编也大多不在厦门,这些都在无形中造成了厦门资源的外流。

4. 资源开发严重脱节,产业人才储备不足。原创能力是发展文化产业的基础,厦门要快速发展文化产业,就必须壮大文学产业,走原创之路。调研组曾深入厦门大拇哥、青鸟动画、四三九九网络股份有限公司等文化企业调查。高管们纷纷表示,厦门影视、动漫、游戏等行业都十分年轻,对于他们来说最缺的是人才,尤其是那些能够把传统文化、文学形象植入文化产品的内涵,以塑造作品的灵魂。他们迫切需要来自文艺界、特别是文学界的帮助和支持。目前,厦门很多文学作品"产销不对路",即使一些作品获到全国大奖,但一经媒体报道后就"束之高阁",归于沉寂,从此"养在深闺无人识"。一些传统作家坚持认为,文学是一项纯粹而高雅的事业,其作品是超凡脱俗的,他们不屑于市场开发;更多作家习惯于端"铁饭碗"、坐"铁交椅",缺乏必要的市场意识而"守株待兔"。加上创意策划、编剧、营销等文学产业人才的严重缺乏,即使一些了解产业知识,但未必了解作品所反映的历史文化知识、地域文化特色,这样开发出来的产品,其价值也会大打折扣。对文学资源的研究、挖掘、利用不足,造成了厦门开发基础薄弱。

四、厦门文学品牌产业化开发的策略与路径选择建议

1.以打造精品为突破口,壮大文学品牌实力。内容制胜是各类行业永恒发展的规律。无论是网络文学产品,还是传统文学产品,其核心价值都应该是真正掷地有声的内容,是能够生产出具有全新创意、核心竞争力及个性化的原创产品。为了体现厦门文学深厚的传统文化精神与审美气度,为了使厦门文化产业得到稳健发展,厦门必须重视文学精品的生产。这是文学产业化的"第一道工序"。当下,应出台一系列鼓励文学精品生产的政策措施:一是实施"厦门民间文学的传承工程"。从思想上挖掘厦门地区独特的文化内涵,利用好厦门地区优秀的传统文化资源,重点资助挖掘以神话、传说、历史故事等为主体的民间文学。在抢救、保护的同时,进行产业化开发,要让这些作品真真切切体现出厦门文化中勤劳勇敢、淳朴善良、自强不息、开放兼容、机智幽默的地域特色。二是启动"长篇小说(含剧本)精品创作工程"。小说,尤其是长篇小说精品,是厦门文学品牌的弱项。长篇小说篇幅长,容量大,情节复杂,人物众多,结构宏伟,适于表现广阔的社会生活和人物的成长历程,并能反映某一时代的重大事件和历史面貌。优秀的长篇小说常常被称为"时代的百科全书",每年重点扶持10～20部长篇小说原创作品出版,推选本市或邀请外地有影响、有潜力、年富力强的实力派作家参与创作。三是办好《厦门文学》刊物和建设大型综合性"文学网站"。网络文学由于参与人群广、社会影响大,作品更接地气,语言生动活泼,已经成为当代文坛发展得最快、成长性最强的新兴文学板块。厦门要壮大文学品牌,必须改变过去以传统文学为主体的文坛结构与文学布局,以厦门市文联和厦门文学院为依托,在加强监管的同时,争取创办中国东南地区最大、最具影

响力的文学互动门户。在大浪淘沙的同时,力争"淘"到更多思想性强、艺术水准高,能充分、全面、完整地展示厦门发展的历史、现状、未来及其社会、经济、文化、宗教、民俗、风尚的史诗性题材的优秀文学作品,壮大厦门文学品牌实力。

2.完善产业链布局,加快文学衍生品开发。随着互联网及电子新媒体技术的飞速发展,文学的载体已经从报纸副刊、文学期刊、文艺出版社发展到目前的互联网及电子媒介,在大力促进文学事业快速发展的同时,也拓宽了文学的产业链条,促进了文学衍生品的开发。目前,文学产业链条至少包括三个环节:生产(作家)——销售(出版商、广告商、服务商)——消费(读者、消费者)。在当前消费主义文化弥漫的情形下,文学作品只有进入文学产业,通过现代产业链的多级转化,应用到更多新产品、新行业和新服务上,才能获得更大的社会影响力,并创造出更丰厚的利润,达到提升或放大作品的价值。为此,调研组建议:一是引进或筛选一些大众化、适合影视改编等产业化开发的作品。放眼世界、博采众长,根据厦门的特色和需要,引进一些重要文学作品,尤其是对台涉侨以及有关改革开放、对外交流合作相关的作品加以开发;对本地儿童作家李秋沅和长篇小说家高和以及剧作家曾学文等人的作品,也可进行影视剧等产业化开发。二是大力开发以神话传说、民间故事为主体的厦门民间文学,可以把一些传说、故事改编为影视剧本、话剧剧本、舞剧剧本等,进行出版业、影视业、演艺业以及动漫、游戏产品开发;也可将这些资源转化为连环图、剪纸、泥塑、皮影、农民画等民间文化艺术商品出售;还可开发出与民间文化和风俗习惯相关的食品、服装、玩具等衍生产品。三是利用作家作品开发文学馆、主题公园等相关的系列旅游。苏颂不仅是北宋名相,还是天文学家、药物学家和诗文大家;苏颂公园现已建成,可以把他的诗文雕刻在园中,进行风情展示、民俗表演,以此增加游客对生活的感受和生命的启迪。鲁迅、林语堂等大家曾在厦门的故居也可以进行修建,以文学馆或主题公园等"可视化形象"产品进入文学产业,获得更大的影响力。

3.建立良好产业生态,鼓励和促进民间投资。厦门人文底蕴深厚,经济发达,文化资源丰富,文学人才济济,这为大力发展厦门文学产业提供了诸多可能性。但从总体看,厦门文化产业十分薄弱,文学发展始终是一个瓶颈问题,它直接影响产业链的形成,严重阻碍了文化产业产值的提高。为此,要在构建文化产业发展生态环境上下功夫、求突破。一是要营造好产业生态。深刻理解文学产业的引领和提升对加快厦门城市经济转型升级发展的重要作用,加大文学产业培育力度,推动文化产业集群形成;鼓励和促进民间投资,强化资本运作意识,鼓励创办文学生产营销公司或与一些著名的文学网站在版权合作与开发、作者及编辑培养、版权保护等方面进行战略合作,共同挖掘厦门的文化底蕴,将厦门网络文学市场的蛋糕做大做强;要大力推进以商招商,鼓励或引进一些著名的影视公司在厦门创办基地,重视植根厦门的总部型企业发展;邀请国际顶尖咨询公司开展文化产业战略咨询,画出文学产业地图,明确发展重点方向。二是要营造好金融和政策生态。出台优惠政策,完善企业金融服务协调机制,改善文化创新型企业和中小文化企业的金融环境。三是要营造好人文生态。政府相关部门要深入研究重大文化(文学)企业的发展战略,加强与企业家的沟通交流,注意倾听他们的意见,切实解决他们的实际困难;发挥行业协会的指导和监管作用,搭建服务创新交流平台。

4.加强政产学研合作,大力推进产业人才培养。文化产业是否拥有竞争力,最终取决于能否拥有一大批优秀人才。要推动厦门文学与文化产业的发展,应当加强政产学研合作,注重理论研究,大力推进产业人才培养。一是加强产业理论研究。由市委宣传部牵头,整合政府、高校、科研院所、协会社团、企业等的资源,成立文化产业"新型智库",建好专家库、成果库、人才库、需求库等数据平台,深化文学与文化产业的理论与相关技术研发,论证制定发展战略和规划,并通过举办研讨会、洽谈会等活动,助力文学与文化产业的发展。二是大力培养文学产业人才。市人才办、公务员局等政府相关部门组织应指导建立院士专家工作站、博士后工作站,以凝聚一批国内外高层次人才、领军人才和优秀团队,迅速培养一批厦门急需的文学产业人才;相关高校应开设文学经济、文学产品营销等方面的专业,大量培养集创意型、经营型、应用型、产业型于一体的复合型人才;厦门市文联、作协等社团举办更多的文学产业论坛,建立产品的评价机制,监督和帮助文化产业的健康持续发展。文化生产企业,应加强员工的业务培训,加快其专业能力的提升。三是坚持产学研结合,将高校学生的学习、实践与企业的项目相结合,教师与企业策划师、设计师、技术人员、营销人员共同指导学生完成项目设计,实现学校教育与社会需求的无缝接轨。四是引入经纪人机制。一部优秀的作品,如果缺乏发现和推荐,就有可能"胎死腹中"。艺术经纪人,不仅要推介作品,扩大影响,还能帮助策划选题,整合设计、创意、生产、销售等各个要素,传递市场上最新动态,对作品的修改和开发提出独到意见;艺术经纪人还充当投资、理财专家、企业顾问、金融银行的顾问,具备评估、推广、交易、搜集和出售的能力,肩负文学产业链中的桥梁和纽带作用,以实现文学产品的价值最大化。

执笔:蔡清辉
2014 年 10 月

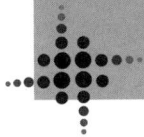

传承文化精神，打造文化品牌

——关于鼓浪屿文化提升的思考和建议

◎ 李云丽

蓝皮书

鼓浪屿的价值在于文化价值。传承鼓浪屿文化就是要在继承鼓浪屿文化精神的基础上创新。应充分依托鼓浪屿独特深厚的人文资源，打造以钢琴为主的音乐文化产业，将鼓浪屿建成"博物馆之岛"；以培育鼓浪屿美术产业链为重点，全面地、持续地提升鼓浪屿的文化价值。

鼓浪屿之所以被世人重视和向往，在于其拥有自己独特的文化形态，这些文化形态既包括被辟为公共租界后形成的制度文化、建筑文化、社区文化、音乐文化、宗教信仰等，也包括在老鼓浪屿人身上体现出的人文情怀、礼貌教养、生活方式等等。著名作家龙应台曾说过，"文化不过是代代累积沉淀的习惯和信念，渗透在生活的实践中"。解放初期，厦门人和鼓浪屿人不一样，人们一眼就能分辨出来。如果有人将鼓浪屿人误认为是厦门人，被误认者会很认真的纠正道："我是鼓浪屿人"。这就是鼓浪屿独特文化在人的身上留下的烙印，也是鼓浪屿人对自己文化的珍视和自信。这种自信和自尊来源于鼓浪屿文化的长期浸润和熏陶。

然而，随着时势变迁，鼓浪屿原有的文化面貌已失去了继续存在的土壤，例如，租界时期形成的居民自治制度、大量华侨回归带来的外来建筑风格、大量社会精英阶层生活上的温文尔雅，都随着社会形态的改变而一去不返了。一厢情愿地想要恢复原来的文化形态几无可能。但鼓浪屿文化是鼓浪屿的灵魂，失去文化特色，鼓浪屿将会沦为大众消费的游乐场，很难保持其独特的魅力。在这种情况下，传承、弘扬鼓浪屿的文化，就需要对鼓浪屿的文化精神加以研究和总结提炼，在坚持文化精神一脉相承的基础上，创新鼓浪屿文化形态，让鼓浪屿在世人面前，永远保持独特的文化魅力。

我认为，鼓浪屿的文化精神可以概括为"时尚"二字。这里的时尚不是简单的跟风、时髦，而是引领社会风尚。纵观鼓浪屿各种文化现象，都走在各个时代的前列。如，最早使用电灯、路灯，最早使用自来水，最早开通电话、电报，有中国最早的钢琴、家庭音乐会，有当时迥异于其他社区的自治制度，以及拥有先进的教育、医疗机构等等。这些都在引领社会风尚，是那个时代最为时尚的元素。因此，鼓浪屿扬名海内外，也正是这种引领时代风尚的文化精神让鼓浪屿有了无穷魅力。今天谈鼓浪屿文化提升，也应该是在传承鼓浪屿文化精神的基础上的文化创新与提升，而不是抛开鼓浪屿文化传统，另起炉灶，使鼓浪屿文化成为无本之木，无源之水。据此笔者认为，鼓浪屿文化提升应重点打造以下三个个品牌：

1.打造以钢琴为主的音乐文化产业。鼓浪屿虽然面积不大，但是，开发文化产业的空间确是非常宽泛的。因此，发展文化产业应根据鼓浪屿积淀下来的人文底蕴，整合和利用现有的文化资源、基础和设施（如钢琴博物馆、管风琴博物馆等），重点培育以钢琴为主的音乐文化产业，打造钢琴制造、培训、演奏及衍生产品产业链。包括：扶持厦门的本土钢琴品牌，并在鼓浪屿开设展销厅；对鼓浪屿音乐厅进行改造提升，打造世界钢琴演奏的"金色大厅"；将厦门市承办的文化部"国际青少年钢琴比赛"移师鼓浪屿音乐厅，使之成为鼓浪屿钢琴文化的新烫金名片；改造提升鼓浪屿音乐学院现有设施和办学模式，开办钢琴培训班、提高班、大师班等，使鼓浪屿成为钢琴大师的摇篮；举办国际钢琴音乐节、大师音乐会等一系列音乐专项活动，使鼓浪屿成为国内外钢琴家和钢琴爱好者心目中的"圣地"；另外，还应注重钢琴文化创意产品的开发，延伸相关外围圈，连接产业上下游，形成完整的钢琴文化产业链。

2.将鼓浪屿建成"博物馆之岛"。鼓浪屿无论定位为社区还是景区，在国人眼中都是重要的旅游胜地。结合鼓浪屿现有的人文资源，建设规模不等的各类专题博物馆，既能很好的展示鼓浪屿多元文化的面貌，也有利于游客深入了解鼓浪屿。可以将现有的钢琴博物馆、管风琴博物馆、郑成功纪念馆、林巧稚纪念馆、马约翰纪念馆、国际刻字艺术馆设为独立法人单位，增设鼓浪屿历史博物馆、两岸故宫鼓浪屿数字博物馆、林语堂纪念馆、卢赣章纪念馆，以及胡友义、殷承宗、舒婷等鼓浪屿名人馆，鼓励富有特色的名人私府设立家史陈列馆，形成以国有博物馆为主体、特色博物馆为骨干、民办博物馆为补充的各种所有制并举、门类新颖、布局合理、内容丰富的"博物馆之岛"。同时，开发博物馆相关产品如导览导视、动漫、复仿制品、图书等衍生产品，以满足游客把"鼓浪屿文化带回家"的精神需求，完成鼓浪屿博物馆集收藏、教育、科普、研究、休闲于一体的功能转变。

3.培育鼓浪屿美术产业链。鼓浪屿的独特景观，一直是画家们创作的主题。已走出了张晓寒等一批有影响的画家。特别是福州大学工艺美术学院设在鼓浪屿，培养了一大批美术、设计、工艺美术等人才，为鼓浪屿发展创意产业提供了良好的基础。近年来，经过工艺美院和厦门市政府的共同努力，鼓浪屿已经成为中国漆画大师的摇篮，许多近期在国家级美术展览中获奖的漆画家都曾在鼓浪屿学习生活过。我认为，应整合资源，将中国美协和厦门市政府已连续举办近十年的"中国（厦门）漆画展"落户鼓浪屿，依托福州大学工艺美院、延平戏院等现有展览场地等资源，建立鼓浪屿漆画研究、创作、培训、展览中心；依托鼓浪屿众多设计人员和良好的市场需求,积极引导海沧、乌石浦商品油画基地在鼓浪屿设立商品油画展示、销售、订货中心;引进中国美术馆、中国美术学院、俄罗斯列宾美术学院等知名艺术机构在鼓浪屿设立分支机构;积极引入美术产业专业龙头骨干企业,推进企业战略联盟,实现研发、创作、展览、销售一条龙服务,打造鼓浪屿美术产业链条。

传承文化精神,打造文化品牌,实现文化提升,还需要积极创造和提供相应的文化条件和氛围。一要按照世界文化遗产地管理的国际通行标准和规则,着力提升鼓浪屿文化遗产管理水平。被联合国教科文组织公布为世界文化遗产名录是对当地文化遗产保护和文化价值的最好肯定。鼓浪屿在 20 世纪 90 年代已经错失了一次机会,这次不可再坐失良机。当前,应抓住鼓浪屿申报世界文化遗产这一难得机会,严格按照市政府公布的《鼓浪屿文化遗产保护管理规划》要求,对鼓浪屿申遗的核心价值进一步提炼、提升,高质量开展 53 个遗产核心要素的修缮及环境整治工程,不断完善鼓浪屿申遗各项资料,力争在最短的时间内让鼓浪屿成功列入世界文化遗产名录。二要对鼓浪屿现有文化布局进行相应的调整。应按照"文化社区＋文化景区"的发展定位,把鼓浪屿建设成为高尚、优雅、精致的世界级文化艺术名岛的目标要求,对鼓浪屿现有文化布局进行相应的调整。包括:对鼓浪屿现有基础文化设施进行合理调整,完善鼓浪屿文化广场设施,形成鼓浪屿居民的"十五分钟公共文化圈",以满足当地居民文化休闲需求;可考虑将鼓浪屿图书馆调整为艺术图书专题馆,开办艺术图书销售和相关主题书店,以满足当地居民和游客艺术文献需求等等。三要进一步提升鼓浪屿的文化品位和气质。例如,在全岛着力营造浓厚的音乐文化氛围,积极扶持鼓浪屿合唱团等群众文化团体,扶持本岛音乐家庭定期举办中小型音乐沙龙和庭院音乐会,让音乐重新成为当地居民生活的重要组成部分,而不是纯粹为了表演;又如,可将鼓浪屿管委会举办的鼓浪屿诗歌节提升规格和规模,争取将文化部、中国文联的"中国诗歌节"落户厦门，通过举办小型诗会、大型诗歌节等活动，让鼓浪屿时尚、浪漫、高雅的文化气质得以延续和光大。

（作者系厦门市文广新局副局长、鼓浪屿综合整治
提升工作领导小组成员）

2014 年 8 月

蓝皮书

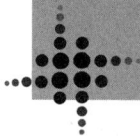

关于同安区文化产业发展的调研报告

◎ 同安区委宣传部

一、同安发展文化产业具有的优势

同安作为一座历史文化名城,发展文化产业具有坚实的基础和得天独厚的优势。同安于西晋太康三年(公元 282 年)置县,至今已有 1 700 多年,素有"海滨邹鲁之地、声名文物之邦"的美誉。辖区内有以孔庙、芦山堂、文笔塔为代表的文物保护单位 55 处,馆藏文物 1987 件;以"南音"、"车鼓弄"、"宋江阵"为代表的非遗保护项目 17 个,保存有汀溪古窑遗址,是一个集历史文化、民俗文化、商贸文化多元发展的文化大区。自古以来,同安人杰地灵,英贤竞立:北宋"钟表鼻祖"苏颂,南宋朱熹过化,明代理学名宦林希元,清代民族英雄陈化成,近代海军将领吕纬堂,文字改革先驱卢赣章……无数先贤明哲的辉煌业绩,彪炳史册,增光邑乘,为同安留下了一笔珍贵的历史文化遗产。

二、近年来同安文化产业发展情况

文化产业具有资源消耗低、环境污染小等特点,是典型的绿色经济、低碳产业。大力发展文化产业,既可以扩大总量、促进经济增长,也可以优化结构、推动产业升级。近几年来,同安区紧紧围绕"文化强区"建设要求,深入推进文化与科技、工业、旅游的融合发展,大力推进文化产业加快发展、融合发展、集聚发展和转型发展。同安区尤为注重培育龙头项目,着力打造华强方特梦幻王国、古龙酱文化园等重点优势项目,积极促进全区文化产业发展上水平、提档次,全区文化产业发展进一步提速。其中,古龙酱文化园,作为全省工业旅游示范点,自 2013 年 5 月开业以来,累计接待游客已突破 10 万人次,为企业带来了超过 100% 的利税增长。特别是华强"方特梦幻王国"的开业,为全区的旅游和消费经济带来了良好的效益。作为全市规模最大的第四代高科技主题公园,方特梦幻王国自对外营业以来,便迅速成长为同安区文化旅游产业的主力军,仅 2014 年"五一"小长假就接待游客 3 万余人。

三、同安发展文化产业面临的问题

但是我们也清醒地看到,同安区文化产业发展近些年才刚刚起步,基础差、底子薄,还没有形成规模和影响力,对全区经济社会发展的贡献还很有限,可待挖掘的潜力和资源还很多。同安区文化产业资源丰富,但产业化发展路径不明晰,缺乏长远统一规划和协调机制;近年来,同安区各种文化活动十分繁盛,但总是"小打小闹",无法做大做强,未能做到文化与经济相互融合、相互促进,带动全区经济社会发展。另外,人才问题也是制约同安区文化产业的一个重要因素。从人员层级分布情况看,全区区直宣传思想文化队伍 165 人(占 84%),基层宣传文化队伍 31 人(占 16%);从年龄结构分布情况看,35 岁以下 46 人(占 23%),36—45 岁 77 人(占 39%),45 岁及以上 88 人(占 45%);从学历水平分布情况看,研究生及以上学历 4 人(占 2%),大学学历 79 人(占 40%),高中及以下学历 113 人(占 58%)。从数据分析来看,同安区宣传思想文化队伍当然也包括文化产业队伍"头重脚轻"、年龄老化、文化偏低、结构不够合理等问题还是比较突出。

四、进一步推动同安文化产业发展的思路和建议

1.加快编制文化旅游产业发展规划。聘请全国知名专家学者组成《同安区文化产业发展规划》编制工作小组,进行系统深入的调研。充分挖掘同安历史文化内涵,整合现有旅游资源,以文化为纽带,完善旅游产业和线路布局,科学编制文化旅游产业融合发展规划,明确未来文化旅游融合发展的指导方针、战略目标、发展重点和保障措施,使文化旅游产业发展有规可依,有章可循,避免盲目和重复建设,努力实现文化旅游产业的优势互补、资源共享、互惠互利。

2.加快出台扶持文化产业发展政策。以上级党委政府出台的一系列有关文化产业发展政策为指导,结合同安区实际情况,抓紧制定能够真正调动企业、社会团体和个人投资文化积极性,切实可行、扶持有力的配套政策。抓紧协调有关部门重点参照《厦门市促进文化产业发展的若干政策》和《厦门市促进文化产业发展财政扶持政策实施细则》等文件精神,尽快构建和完善同安区文化产业发展政策体系,为同安文化产业的繁荣发展创造良好的政策环境。

3.加快培育文化旅游产品市场体系。正确把握文化产品的消费特点,依托同安区独具特色的历史文化资源和人文景观资源,大力开发适销对路的文化旅游产品和服务,尽快造就一批能够产生品牌效应的知名产品和企业,逐步形成比较完善的文化旅游产品市场体系。坚持一手抓产品开发,一手抓市场培育,两手抓、两手

都要硬,真正做到文化产业与文化市场相互促进、相得益彰、共同发展与繁荣的局面,让市场机制在文化产业发展中充分发挥作用。

4.加快建设同安文化创意产业园区。尽快形成文化产业发展的集聚效应和园区示范效应,是促进同安区文化产业快速发展的重要战略选择,也应当成为我们当前发展文化产业的战略重点。我们关于文化创意产业园区的布局思路有两个方向,可概括为"城中园"与"城即园",具体如下:(1)"城中园"思路:在城区集中建设一个文化产业园。集中选择一处,规划一个规模较大的园区,将主要文化产业集中于园区内。其好处是能产生强烈的集群效应、磁场效应、市场效应、规模效应和品牌效应;不利因素是集中占地面积太大、不能充分利用现有设施、建设周期长、投资大。(2)"城即园"思路:站在城市发展和文化产业发展相融合的战略高度,把整个城区视作一个文化产业园进行规划、发展与管理。充分利用现有文化资源和设施,合理规划若干个不同特色的文创园(如依托浦头风情小镇建设民俗文化园),通过打造若干条文化街(如将后壁幕路改造为文化旅游产品市场街),通过点线结合,将几个分散的文化园区有机地联系起来,使整个城区仿佛一个巨大的文化产业园。对这两种思路,可考虑进行进一步的可行性研究和论证,争取形成科学、合理、优化的建设方案。

2014 年 10 月

蓝皮书

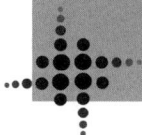

厦门市同安区乡村文化旅游情况调查

◎ 邱霁昀　陈春来

　　乡村文化旅游是在乡村开展的,以乡村自然文化资源为依托,以城市居民为游客主体,通过吸引城市游客进行乡村农耕体验、观赏乡村自然景观、拍摄乡村自然画面、聆听文化故事、住农家屋、吃农家饭、采摘农家果蔬、享农家乐等形式,使游客远离城市喧嚣、繁杂,寻求回归大自然的宁静和亲切,休闲身心,品味不同于城市的文化生活的新兴旅游品种。随着我国城市化率的逐步提高,城市居民希望重温或体验不一样的乡村生活方式,所以,乡村文化旅游越来越为人们所喜爱。

　　厦门市乡村文化旅游分散在岛外各行政区。其中,同安区自然资源丰富、农业较为发达、文化积淀深厚,拥有北辰山、竹坝开发区、莲花山森林公园、德安古堡等诸多知名的乡村文化旅游景点。2009年,同安区政府在发布的旅游专项规划中明确提出"构筑同安成为区域著名旅游目的地、大厦门旅游次中心",将乡村文化旅游作为大力发展的旅游类型之一。为了解同安区的乡村文化旅游现状,我们在同安区开展了小规模的游客调查,走访了多处乡村文化旅游景点,并在褒美、小坪等村随机采访了若干村民,希望可以为同安区乡村文化旅游的发展提供一些借鉴。

一、同安区发展乡村文化旅游的资源优势

同安区面积约 649.73 平方公里,山地面积 422 平方公里,耕地 13.12 万亩,浅海滩涂 12 万亩,海岸线迂回曲折,长达 11 公里,资源丰富,气候宜人,适合开展乡村文化旅游。

(一)交通便利,区位优势显著

同安区地处厦漳泉"金三角"中心地带,北与安溪县、南安市接壤,东连翔安区,南面隔同安湾与湖里区相望,西南与集美区毗邻,西接长泰县,324 国道、205 省道、福厦漳高速公路贯穿全境,20 公里长、60 米宽的同集城市快速道以及集美大桥、杏林大桥、城市快速道、海翔大道的开发建设把同安和厦门半岛彻底连为一体;早在 2006 年厦门村村通公路建设工作已基本完成,同安区各村均有公路相连,多有公交车线路串联,已建成的各乡村旅游景点道路状况良好,开展乡村文化旅游可以辐射周边城市和地区。

(二)历史悠久,人文资源丰富

同安区素有"海滨邹鲁之地、声名文物之邦"的美誉,于后晋天福四年(939)设县,辖 3 乡 11 里,隶属于泉州,当时辖区包括今厦门市、同安县、金门县及龙海一部分。同安北山岩留有诸多文人题刻,其中不乏朱熹等大家,散落有闽王遗迹。各村落间多有保存完好的古建筑,如牌坊、民居等,具有鲜明的闽南建筑特色。

(三)气候宜人,土壤肥沃,物产丰富

同安属于亚热带海洋性季风气候,气候温暖,雨量充沛,热量充足,主要粮食作物为水稻,同时广泛种植有龙眼、花生、茶树等经

济作物,种类繁多。因同安地区地形复杂多变,少有串联成片的农田,作物种植多因地制宜,单体种植规模较小。著名的海产有文昌鱼、紫菜、海蛎等。

(四)拥有丰富的温泉资源

厦门市14处温泉中,同安占有7处。其中,坤泽阳、汤里、五显等五处已经开发,目前仅剩汀溪造水、莲花温泉还未开发。同安区温泉泉眼大多位于乡村,日采量可满足乡村文化旅游开发的需要。

二、同安区乡村文化旅游发展现状

经过几年的发展,同安区乡村文化旅游建设已初具规模:一是各景点道路指示统一、规范、清晰,不依靠电子导航系统,也可以较为轻松地找到各景点。二是通往各景区的道路路况较好,家用轿车可以通行无阻。三是各景区公共设施完善,有的景区内还设置有多语种指示牌、景区介绍,工作人员态度也较为和善。通过对相关景点的走访,我们认为主要存在以下几个问题:

(一)游客集中在周末和长假黄金周,其他时间游客稀少

从出行时间来看,有61.1%的游客选择周末,27.8%的游客选择法定节假日。也就是说,90%的游客集中在全年三分之一的节假日时间里进行乡村旅游,非节假日的游客的平均人数不到节假日的二十分之一。如何开发利用闲暇时间的景点资源需要深入思考。

(二)景点的宣传力度略嫌不足,宣传途径较为单一

访问的游客中,有 44.5％的游客是通过"亲友介绍"了解后才选择了同安的乡村旅游景点;其次是通过"电视、网络宣传"了解的游客,比例为 22.2％。而通过报纸杂志、旅游宣传册等其他途径了解当前乡村旅游景点的游客都不多。

(三)环境卫生、交通便利等方面还需进一步提升

对于当前乡村景点的情况,66.7％的游客认为环境、食宿卫生有待提高,63.9％的游客认为交通及相关指引还不够方便。此外,还有不少游客针对"宣传不足"、"旅游内容需要丰富"、"旅游管理有待完善"这三个方面提了意见。

(四)农家乐数量不多,经营情况不佳

在调查过程中,我们发现乡村旅游景点的农家乐数量并不多,只有个别几家距离同安城区较近的农家乐;而距离同安城区较远的尚在营业的农家乐基本没有客人,沿途还有几家农家乐已经歇业。

总体来说,同安区的乡村文化旅游得到了较大的发展,但存在的问题也仍然突出。从小坪森林公园、竹坝开发区、顶上人家、北辰山等地来看,政府前期投入多,基础建设完备,但是客流严重不足,收益受到影响。如小坪森林公园已经不收取门票,景区内的商家也已放弃经营,公园内的泳池、商铺均已关门,毗邻的异想世界也在停业整顿中。此外,景区开发投入大也间接导致了景区内消费较高。如最近几年新建成的顶上人家景点门票虽然便宜,但是景区内标间一晚的住宿费用与岛内四星级饭店实际收费相近;园林景观颇为优美,但是缺少农村风格。

三、同安区乡村文化游客的基本情况分析

在调查过程中,我们对景区内的游客进行了随机访问,通过了解当前游客群体的基本情况,以期对于今后景点的定位、宣传以及新游客群体的发掘有所启发。

(一)主要游客群体为中等收入人群

在接受访问的游客中,超过9成的游客月收入在2 000元～8 000元之间,他们所能接受的乡村旅游消费标准为不超过500元/每人每天(其中选择100元以下,100～200元,200～500元三种档次的人数基本相同)。乡村文化景点对于高收入群体的吸引力有所欠缺。

(二)绝大多数游客来自周边地区和城市

从调查结果来看,游客大多选择周末和法定节假日作为乡村旅游的主要出行时间。由于安排出行的时间较短,58.3%的游客选择乡村旅游时路程控制在50公里以内;30.5%的游客控制在50～100公里;剩余的1成游客也全部选择200公里以内。同安区乡村旅游的主要影响范围还局限于周边地区和城市。

(三)多数游客对于乡村旅游较为热衷

调查中,有72.2%的游客表示他们每年的乡村旅游次数超过2次。该类型的游客将是今后乡村旅游的倡导者和主力军,在宣传等方面应给予更多的关注。

四、同安区发展乡村文化旅游的建议

世界经合组织曾经强调,应该让乡村所具有的乡村性成为乡村旅游的中心和独特卖点。而这一点和我们问卷调查的结果也比较一致:游客看重的是乡村田园风光和对休闲、慢节奏的乡村生活的体验,其根本是对乡村独特人文生态的向往。

针对同安区乡村文化旅游存在的问题,我们认为应加强对乡村性的把握,使乡村的特色和卖点更加鲜明;加强对乡村文化旅游的宣传,尤其是做好城市居民中的乡村文化旅游爱好者的培育。

(一)乡村文化旅游的基础应该以农户为主,回归"农家乐"

"农"、"家"要求本地人所有、小规模经营,最大程度保留其乡村性。当前同安区乡村文化旅游发展以景点式开发和经营为主,这样就会遇到城市居民占据乡村旅游经营主体地位、景区式开发冲淡乡村性的问题。正如前文所述,乡村是一种社会文化构成,其独特性是吸引游客前往的核心因素。国内发展乡村文化旅游恰恰忽视了乡村性的保护,深度开发导致乡村文化旅游个性和内涵缺失,正因如此,成都、广东等地的农家乐难以长期吸引游客,效益正在下降。同时,以景区方式开发乡村旅游势必以人造景观的精细取代乡村田园风光的粗犷,就算有"农"的特色,却失去了"家"的感觉。追求规模,冲淡乡村的氛围,这也是国内多数地区发展乡村旅游的通病,从规划和现状来看,同安区也未能免俗。相对于景区,本地人所有、本地人经营、保留着本地特色的小型家庭旅馆因为其以个体经营为主,主要使用本地劳动力,外购食材少,在乡村旅游中扮演着更为重要的角色。这种经营方式的出发点是满足当地村落的发展需要,建立本地产品的供应链,因而在维持当地乡村性的同时,能够保证经营收益最大限度地留在当地,最大限度地激发当地农民从事乡村旅游接待的积极性。一言以蔽之,只有保持"农"的特色、"家"的感觉,才能使游客"乐"在其中、当地农民安居"乐"业。

农户为主体,利用当地民居开展乡村文化旅游,还有一大好处,即降低乡村文化旅游产品的价格。本文在游客基本情况部分中也曾提到,进行乡村文化旅游的消费者对于价格十分敏感。目前,只有小部分游客认为相对于大型景区和游乐场,乡村文化旅游有价格上的优势,而超过半数的受调查者表示不能接受日人均消费额超过 200 元人民币的乡村文化旅游产品。采用景区形式发展乡村文化旅游,不但会冲淡乡村性,还会提高经营成本,提高整体价格。以农户为主体,在初期控制规模,注重质量,可以最大程度降低经营成本,吸引游客。农户利用家庭内部闲置空间开展乡村文化旅游接待,只需要简单装修、改建洗手间、厨房、提高整体卫生状况,其投入相比开发商投资征地、大规模建设小很多,甚至不需要另行雇佣服务人员,其维护成本也可以由农户自行消化。国内如四川成都温江市、郫县,国外如西班牙、意大利、加拿大,在发展乡村文化旅游的初期阶段都没有大幅建设和景区投资。这些地区在做好农村基础设施建设和政策引导扶持的基础上,以亲民的价格吸引了大批游客前来,后续的投资建设也因为当地了解游客的需求更加有针对性。

(二)乡村文化旅游应以发展本地区农业和农村为出发点

农业生产是开展乡村文化旅游的基础,具有乡村特色的农家饮食和新鲜的菜蔬是吸引城市游客的一大要素。在成都等较早开展乡村文化旅游的地区,都有许多农家乐因餐饮制作粗糙,为节约成本不选用本地菜品,造成顾客大量流失的案例。本地农业发展规模小、质量低,都会对乡村文化旅游的接待能力产生制约。只有改进农业生产方式,提高农业生产力,生产高质量的农产品,才能提高对游客的接待能力、增加对游客的吸引力,从而真正提高农民收入。同安区大部分村庄由于地处丘陵地带,农业用地规模有限,各家各户的耕地交错,难以形成较大的种植规模;大部分农户为避免某一种作物产量和市场的突然变化带来较大损失,都种植有多种作物。如何统筹各家各户的生产力,建设好本地农家乐的农产品供应链、如何做好各家各户的增产增收工作,是同安区发展乡村文化旅游必须考虑的问题。发展乡村文化旅游不能取代农业在农村的根本地位。否则,一来旅游的乡村性无法维持。二来以旅游发展为主,势必引入外地资金,采取高度商业化、专业化的管理方式,使得当地农民处于弱势地位,不利于调动其积极性,也不能使乡村文化旅游最大程度的惠及当地农民,更无法切实缩小城乡收入差距。

(三)要加强规划和政策扶持

同安区要做好乡村文化旅游规划,做好景点的实地考察,对国内外的乡村文化旅游发展过程有清晰的了解,结合我国国情、农村实际情况,针对厦门市和周边地市的居民乡村文化旅游的需求,在征求专家、当地居民等各方意见的基础上做出规划,否则脱离实际情况的规划对乡村文化旅游的健康发展没有裨益。在走访期间,我们注意到,同安区农村新建住宅越来越现代化,这是农村发展、农民增收的一大表现。但是,近年新建的住宅却失去了原来鲜明的闽南风格,样式花样百出,但是美感不足,显得较为杂乱。这对于开展乡村文化旅游是不利的。而闽南原有的民居多为四合院,正面外墙多运用红砖砌成寓意吉祥如意的图案,屋顶有燕尾和马鞍形两种,经济条件较好的人家还有砖雕、木雕等装饰,特色十分鲜明。在建设新居时,各村镇应考虑到发展乡村文化旅游的需要,视情况对建筑风格和配色作出明确要求,采取政府补助一点,业主

蓝皮书

出一点，以尽可能保持好闽南乡村的风貌。

政府相关部门应尽量扶持有意向的农户，做好培训工作，尤其是加强卫生、服务、环保以及法律等方面的培训。对于准备大力开展乡村文化旅游的村落，应提前做好污水处理设施或者油污隔离设施的建设，帮助其认识到自身的经营优势和劣势，鼓励个性化发展，坚决禁止价格战、互相抹黑、强行拉客等恶性竞争手段。应该将乡村文化旅游当成一项副业来发展，坚持农业和旅游业和谐持续发展。

（四）要在"文化"二字上下足功夫

同安区应该深入探究城市居民前往乡村休闲旅游的动机，引导农村居民认识乡村文化旅游的卖点、明确优势、扬长避短。国内外学者中有许多人认为，在后工业化时代，人民生活质量大幅提高，休闲娱乐方式大大增加，但是生活中的被动性和压力却越来越大。于是，城市居民在精神上越来越渴望自由、温情和心灵的修养。由城市回归乡村，可以说是返璞归真，可以说是具有怀旧情结，也可以说是由理性主义向人文主义的回归。中国传统文化中，颇为注重人文关怀和内在修养，也体现在许多地方的民风民俗中，温、良、恭、俭、让正是传统农村文化的写照。要想乡村文化旅游进一步发展，光是开展新项目、增加新节庆是不够的，还要做好农村的精神文明建设。乡村文化旅游可以为农民带来额外的收入，但是也带来了工业文化的强烈冲击。农业文化相对工业文化是弱势的，正确引导农民看待城乡收入和生活方式的差距，对发展乡村文化旅游而言是至关重要的。如果当地居民急于增收，宰客、只求数量，忽视质量等等不良风气在民间兴起，那么对于乡村旅游而言将是致命的。

2014 年 8 月

调研报告

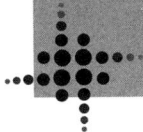

关于天津市、山东省艺术展览与市场运行情况的考察报告及厦门的对策建议

◎ 厦门市文联

　　为学习借鉴先进地区艺术产业工作的成功经验,加快推进厦门市艺术产业大发展、新提升,2014 年 10 月 14 日至 10 月 17 日,由厦门市文联党组书记、副主席林起同志率领的艺术产业市场运行考察团一行 8 人先后赴天津市、山东省青州市、潍坊市参观考察当地的艺术产业发展运行情况。其间,考察团一行实地参观了第十二届全国美术展、第四届国际民间艺术博览会现场,并重点实地考察了山东青州市宋城和中晨两大书画艺术城及农民画交易市场、潍坊市杨家埠民俗文化古村(原杨家埠风筝厂)等,听取了青州市画廊协会等相关单位负责人的经验介绍,并与天津市、潍坊市、青州市文联领导就艺术产业培育和发展等问题进行了深入的交流探讨。通过参观、考察和学习交流,我们感受到天津市和山东省在艺术产业工作方面经验丰富,从政府指导策划到市场运作方面都敢想、敢干、敢为先,形成了文化发展的浓厚氛围。尤其是艺术事业、产业发展快速、高档次的文化品牌项目集聚较多,对厦门市艺术产业(尤其是书画产业)的发展有很好的学习和借鉴作用。

一、基本情况

全国美展是国内最高规格、最大规模的国家级美术作品展览。"第十二届全国美术作品展览中国画作品展"于 2014 年 9 月 26 日至 10 月 15 日在位于海河之畔的天津美术馆隆重展出,荟萃全国 591 件入选作品以及评委作品。作品具有很高的思想性、艺术性、观赏性,是一次高品位、高质量,展示中国气派和时代风貌的展览。

第四届中国国际民间艺博会暨第四届中华(天津)民间艺术精品博览会于 2014 年 10 月 11 日至 15 日在天津梅江会展中心举行,此次展会是天津继 2001 年、2004 年和 2006 年前三届民博会成功举办之后的又一次大型民间艺术盛会。来自比利时、保加利亚、法国、印度、美国等 16 个国家和国内近 30 个省区市的艺术团体和民间艺术家、书画家以及工艺品厂商的近百个艺术门类的民间艺术精品数万件(套)在此次博览会上亮相。

青州市是中国古代九州之一。从西晋至清末的近 1700 年时间里,青州一直是山东中部的政治文化中心。至今保留了跨越各个历史时期的 80 余处文物古迹和历史建筑,是目前山东省内保存最完好的古城(被国务院授予"历史文化名城")。目前青州市书画产业具备了一定规模,拥有 9 大书画市场、765 家画廊,其中上规模的画廊 500 余家,外来知名画廊 20 多家,成为中国北方重要的书画交易中心、国内最大的书画文化市场。其中青州市书画艺术城、中国中晨(青州)书画艺术城、宋城书画艺术中心、青州古街书画市场画廊都在 100 家以上,经营者来自五湖四海,全市已经注册的书画经营单位 765 家。据不完全统计,书画及相关产业从业人员近万人,每年有 3 000 多位书画名家前来创作交流,举办各类书画展览 200 多场次,书画零售交易额达 46 亿,占潍坊全市 50% 以上。目前青州市画廊产业主要以中国画和书法经营为主,正在培育农民画和油画市场,尤其是将农民画作为走出国门、出口的艺术品。青州市在产业运作上,主要依托全市性的"画廊协会"。该协会成立于 2006 年 10 月,负责画廊、艺术品经营机构的业务联系、协作,建立行业规范,强化行业自律,对画廊的银行借贷进行审核把关,举办各类展览研讨和国内外书协艺术交流,活跃、净化画廊行业,提高专业人员素质和公众书画艺术素质和欣赏水平,按章做事、诚信经营并以协会名义出具书画作品"保真证书",杜绝赝品,净化市场。

潍坊市连续多年被评为全国文化体制改革工作先进地区,一批拥有潍坊文化特色的文化产业园发展迅速。目前潍坊市已经初步形成了文化产业体系,包括民俗、绘画、影视、广告、创意、动漫等。目前,潍坊正推进的投资过千万文化产业项目 200 多个,其中过亿元文化项目 160 个,过 10 亿元项目 29 个。这些大项目主要集中在书画、动漫制作、影视制作、文化创意、软件等领域。全市文化企业发展到 4 000 多家,资本总额达 400 多亿元。2012 年实现文化产业增加值 194.5 亿元,占 GDP 比重达到 4.85%。

二、主要收获

1.不断加大对艺术产业的政策扶持力度

书画产业的发展,离不开政府的支持和政策扶持。青州市将书画产业发展列入市委、市政府工作要点和发展规划,从税收、信贷等方面进行扶持,画廊实现免税经营,同时银行也加大了对书画产业的信贷力度。从 2010 年开始,画廊协会积极与潍坊银行、农村商业银行、中国银行等合作,推出艺术品融资服务,探索形成了诚信担保贷款、艺术品抵押贷款等业务,整个工作已经进行了 4 年时间。2013年,仅潍坊银行就向青州画廊发放贷款1.2亿元,单笔最大贷款达到1 500万元。

2.不断加大对文化事业建设的投入

天津市委、市政府舍得大投入,把天津市最好的地方用来建设天津市文化中心。文化中心的项目包括天津图书馆、天津博物馆、天津美术馆、天津大剧院、天津市自然博物馆、天津市科技馆、天津青少年活动中心、生态岛等。整个天津市文化中心总占地面积达到90万平方米,是天津市规模最大的公共文化设施,与公益文化场所、城市公园、市民休闲中心、青少年活动场所为一体,成为文化展示、交流、休闲、消费最集中的区域,同时也是全国规模最大的文化休闲中心。此举让天津市在文化发展上占尽先机,第十二届美展和第四届国际民间艺术博览会在天津举办就是最有说服力的实证。

2010年,青州市成立古城保护修复建设指挥部,对古城内的古建筑物、构筑物和街道肌理,进行了一次"古色古香"的修缮。几年来,青州已修复古城4平方公里、古街巷8条。为文化产业的兴旺发达做好硬件准备。同时加强对外招商引资,带动建立了一批大项目,包括投资150亿元的云门山生态文化创意产业园、投资30亿元的影视文化产业区,投资40亿元的中国书画城等。

潍坊市为增强城市的软实力,为推动文化产业发展,制定了促进文化产业发展的政策,同时加大投入,已设立了2 500万元的文化事业产业资金,200万元的风筝都文化奖,300万元的文艺创作奖励基金,700万元的农村文化建设专项资金,对重点文化企业、文化项目和文化作品进行重点扶持。潍坊境内拥有古遗址、古建筑、古石刻等不可移动文物1 800多处,更有流传两千多年的风筝和近千年的木版年画,深厚的文化底蕴加上优良的发展环境使这里文化产业活力迸发。全市文化企业发展到4 000多家,资本总额达400多亿元。2012年实现文化产业增加值194.5亿元,占

GDP 比重达到 4.85％。

3.持续深入地发展文化产业项目

目前,青州市过亿元的文化产业项目有 17 个,总投资超过 500 亿元。青州市以古城的修复为契机,以古城古街为载体,"装"进符合当地文化传统和产业基础的内容,并尽可能拉长产业链。目前,青州市的书画市场,成为中国北方重要的书画交易中心、国内最大的书画文化市场。

此外,青州市还不失时机地挖掘、抢救包括青州花鍵、农民画等非物质文化遗产项目 20 余个、寻找出 80 多名非物质文化遗产传承人。青州市委、市政府高度重视农民画市场建设,投资 1400 万元在原八中校址改造建设农民画专业市场,市场总占地 60 亩,展览总面积 8 万平方米。

三、思考与建议

1.十二届美展入选作品中,厦门只有一件作品入选,而厦门选送的作品其实不少,但是入选不多,其原因在于作品在选好的、宽广的创作观念和创新的创作技法等方面存在不足。建议厦门的美术工作者们应该拓宽创作理念、改变美术创作的观念、创新创作技法。

2.青州市、潍坊市的文化产业相当发达,规模已达百亿。尤其是将书、画艺术产业与旅游业结合在一起,文化产业带动旅游产业,二者相辅相成,这一做法值得旅游业发达的厦门所借鉴。目前厦门虽有油画一条街、古玩一条街,但仍算是小打小闹,建议厦门应该把自身的旅游优势充分发挥起来,让火热的厦门旅游推动厦门文化产业的发展。

3.做好发掘、保护、传承工作。要做好厦门农民画、车鼓弄、莲花煲歌等非物质文化遗产的发掘、保护、传承。例如,同安的农民画,底蕴深厚,农民画创作曾经代表中国走出国门去参展并取得奖项,农民画以其写真性、装饰性在国际上颇受欢迎,可以考虑建设同安农民画展示传习中心,并培育成为区域性农民画市场。

4.整合厦门书画美术市场。市文联要把书画艺术产业发展作为介入文化产业的着力点。近年来,尤其是2014年以来厦门画廊业(美术馆、书画院、艺术馆等)的发展如雨后春笋,估计已达近百家。但规模小、分散、各自为战,各显神通,急需整合形成合力。首先,要把厦门市零散的画廊、油画一条街、古玩市场聚集起来,让其形成一定的规模,增加现有书画市场的影响力。其次,要成立市画廊协会,由画廊协会牵头管理,政府宏观指导,规范厦门的书画市场,诚信经营,良性发展。

5.结合厦门文脉,高起点做好文化产业规划。文化的传承、建设、繁荣是以文化的传承保护、重建为前提的,文脉的传承与延续是文化发展的根基所在,文脉不断,在文脉的发展路上一定会开出惊艳的艺术之花。要梳理出厦门的文脉,并结合厦门文脉对厦门市重点文化产业项目的规划设计,要立足中、西、闽南文化深度碰撞的特色,按照国内一流、国际领先的标准,聘请国内、外顶尖专家参与规划、论证和实施,确保把做强、做大厦门的文化产业。

6.加快挖掘整合文化旅游资源步伐。厦门文化资源由于分散、零星,尚未形成规模效应,产业集团优势不明显,急需形成大文化格局,打破部门条块分割,整合文化要素,形成文化、文物、旅游联合开发、统一运营的市场运行模式,打造一批代表厦门水平,符合产业生态链条要求的优秀文化产品。

7.制定更加灵活优惠的文化招商服务政策。制定专门的文化产业招商引资政策,建立文化企业服务直通车体系,把文化产业招商纳入全市招商引资平台,通过环境创优拓宽文化产业的招商渠道。借脑、借力、借势,广泛引进智力,敢于把好的项目交给体制外文化人才去运营,为懂经营、懂文化的复合型高端人才创业提供政策支撑平台。

8.建议市领导(分管文化的市委常委或市政府副市长)能拨冗亲自专门带队到潍坊市,特别是到青州市现场考察,亲身感受潍坊市、青州市艺术产业发展的蓬勃之势,研究推动厦门在新形势、新阶段条件下,大力提升,推动厦门市文化产业发展,为美丽厦门文化提升,做出新的更有成效的贡献。

执笔:涂一明　沈铁岩

2014 年 10 月

蓝皮书

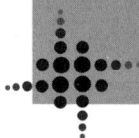

关于美国移动互联网与新媒体产业发展研修考察报告

◎ 美国移动互联网与新媒体产业发展培训团

为推进厦门市国家级文化和科技融合示范基地建设,促进文化创意千亿产业链工作,提升互联网时代新媒体宣传、管理和服务水平,经国家外国专家局审核同意,应美国巴尔的摩大学公共政策中心邀请,厦门市委宣传部组织"2014年厦门市移动互联网和新媒体产业发展研修团"一行10人,于2014年12月5日—25日赴美国华盛顿和旧金山开展了学习借鉴美国移动互联网和新媒体产业发展管理经验的专项研修和专题考察,代表团以集中听课、互动探讨、实地考察等方式对美国移动互联网与新媒体产业的类型、规模、发展特点以及管理模式等进行学习,取得了大量第一手资料,收获较大。现总结如下:

一、培训考察概述

本次赴美培训的主要目的是学习美国移动互联网和数字新媒体行业。为此巴尔的摩大学与克莱伍学院一起为学员提供了一系列的讲演和培训,还陪同访问团拜访相关政府机构、媒体机构和移动互联网公司。通过系统的讲座和与美国同行的交流,我们在移动互联网和新媒体产业等新兴文化产业的发展趋势,美国政府对发展移动互联网和新媒体产业的相关扶持政策,以及传统媒体的数字化转型方面等进行了学习。具体包括：

1.学习了解美国数字内容和新媒体产业发展现状、主要经验和相关扶持政策。

2.学习了解美国政府发展移动互联网和新媒体产业的主要做法，特别是技术创新与市场开发方面的最新情况。

3.学习了解美国移动互联网和新媒体产业等新兴文化产业的管理经验。

市委宣传部领导高度重视这次学习考察，市文化改革发展工作领导小组办公室和市委宣传部干部处做了大量细致、周密的安排与沟通工作，使得整个培训考察过程环环相扣、高效紧凑。代表团在美国期间，先后接受来自美国高校、移动互联网与新媒体行业组织、企业负责人的专题培训和互动研讨 7 人次近 60 个小时。

在专题培训和专项研讨的间隙，代表团实地考察了美国新闻博物馆、艺术博物馆、中央电视台北美分部、Google 总部、Facebook 总部、Apple 总部和 Intel 博物馆等移动互联网与新媒体机构，对美国硅谷移动互联网与新媒体产业集群、品牌企业的文化展示及服务体系有了许多切身感受，代表团还选择性地参观了移动互联网与新媒体学科较为成熟的著名学府，如华盛顿设计学院、华盛顿城大学、巴尔的摩大学、霍普金斯大学等。

二、美国移动互联网与新媒体产业发展特点与经验

1.美国移动互联网应用市场发展现状

美国移动互联网应用市场在经历了数年平稳增长之后，于 2012 年迎来爆发期。2009－2011 年，移动应用商店收入由 23.3 亿美元增长到 34.1 亿美元，复合增长率仅为 20.9％。2012 年，收

入则猛增至 63.1 亿美元,同比增长高达 85.21%。移动互联网用户规模快速增长、高速无线网络广泛应用、智能终端迅速普及是市场爆发的三大关键因素。移动游戏和移动社交占据市场半壁江山(合计占比达 56%)。产业链以应用商店为核心,涵盖终端/操作系统厂商、运营商、第三方开发者、用户等相关各方。市场目前存在三种盈利模式:下载付费、应用中付费和应用中广告,其中下载付费是当前主要模式,应用中付费或将成为未来发展方向。

2.美国移动互联网典型应用细分市场解析

移动游戏:美国移动游戏市场于 2012 年迎来爆发期。2011年市场收入规模仅为 5.71 亿美元,2012 年则达到 13.77 亿美元,同比猛增 141.2%,是全球第二大移动游戏市场。目前轻度游戏占据市场主要份额,随着未来智能终端性能提升和 4G 网络普及,移动游戏社交化特征将日益明显,重度游戏占比有望提升。下载付费、游戏内付费和游戏内广告是市场主要盈利模式,未来游戏内付费有望取代下载付费成为第一大收入来源。

移动社交:美国移动社交市场经历了数年爆发期后,2013 年进入平稳增长阶段。2010—2012 年,移动社交用户规模由 0.39 亿人增加到 0.84 亿人,复合增长率达 46.7%。预计 2013 年将突破 1亿人,同比增长率降为 19%,进入平稳增长阶段。市场中存在以Facebook 为代表的综合平台型应用和以 Twitter 为代表的细分市场型应用,由于能满足用户以社交为核心的多样化需求,综合平台型应用在市场竞争中全面占优。广告、开放平台分成和增值服务是市场主要盈利模式,而广告或将持续贡献最大份额。

移动电商:美国移动电商市场于 2011 年迎来爆发期,目前仍处快速增长阶段。2011 年市场规模为 136.3 亿美元,同比增长168.9%,2012—2013 年,由 248.1 亿美元增长到 388.4 亿美元,复合增长率达 56.5%。未来市场规模将继续快速增长,并有望在2017 年达到 1 085.6 亿美元。平板电脑由于具备类似 PC 端的用户体验,已经成为驱动市场发展的关键设备。市场目前呈现电商平台巨头垄断,支付平台远近相争的局面。盈利模式主要由商品零售营收和交易佣金双轮驱动。

3.美国移动互联网应用市场发展趋势

趋势之一:从水平应用到垂直应用——看好移动医疗市场

随着云计算、大数据技术的发展,美国移动应用市场将迎来更为快速的增长。在高增长态势之下,市场切入点由水平类产品和服务向垂直类行业解决方案转移成为重要趋势。受益于美国医疗市场环境演变及移动医疗水平应用广泛普及,移动医疗有望成为美国移动应用市场由水平转向垂直的重要突破口,预计2017年市场规模将达到64.4亿美元。移动医疗应用垂直化将具有鲜明的解决方案特征,它能提供端到端的综合化服务,包括病人教育、诊断服务、持续的疾病管理和治疗等。在移动医疗未来的市场竞争中,抢占集成医疗管理平台的控制权将会成为利益各方的战略重点。

趋势之二:So-Lo-Mo趋势延续,影响深化——移动广告市场有望爆发

So-Lo-Mo(中文简称社交化—本地化—移动化,即Social、Local、Mobile的缩略语)是移动互联网发展的重要趋势。在未来美国移动应用市场,So-Lo-Mo的发展趋势仍将继续延续,且影响将会更加深入。受益于So-Lo-Mo影响深化,美国移动广告市场有望爆发,预计2017年移动广告营收将首次超过PC端,达到356亿美元。具备So-Lo-Mo特征的移动广告已经成为Google和Facebook两大巨头广告业务的重要组成部分,这将引导更多的移动应用采用类似广告模式,为移动广告市场爆发奠定坚实基础。

蓝皮书

三、对厦门移动互联网和新媒体产业的启示和发展建议

经过 20 天的封闭式培训和开放式讨论、体验式考察,代表团成员普遍反映受益匪浅,在多层次的交流和探讨中,此次培训和考察,团员们对厦门移动互联网和新媒体产业的发展有不少启示,并对未来厦门基于移动互联网背景的数字内容与文化创意产业发展,企业品牌的塑造与传播,提出了相应的建议。

(一)启示

1.加深了解,拓展视野

本次学习考察团 10 名成员中除 2 名外,其余均是第一次来美国进行专题培训和考察。成员们十分珍惜这次近距离、全方位了解美国移动互联网和新媒体产业的发展历程,典型案例、法律法规、政策措施及商业模式的机会,带着极大的热情和兴趣参与培训、讨论和考察,其技术的先进性、人才的集聚性、投资的多元性、文化的包容性等,给我们留下了深刻的印象。通过系统学习和全面考察,了解了美国移动互联网和新媒体产业的发展脉络,拓展了我们的视野,增强了对全球移动互联网与新媒体产业发展的认识。

2.主动比照,寻找差距

尽管美国的移动互联网与新媒体产业发展模式只是全球基于数字技术和互联网传播平台的文化科技发展体系中的一种类型,其发展速度和应用领域甚至在局部还不能与日、韩比肩,但它仍不失为独具一格的、具有美国特色和国际风格的参照坐标。和美国相比,我们至少在以下几个方面存在明显的差距:①移动互联网与新媒体融合程度不深,产业化程度偏弱;②基于移动互联网技术的

蓝皮书

数字文化创作与消费观念尚未成熟;③移动互联网与新媒体产业公共服务体系不够健全;④移动互联网与新媒体的企业文化品牌的影响力不够强健;⑤贴近市场需求的移动互联网与新媒体产业管理人才培养模式尚未成型。这些差距正是我们要研究、学习和借鉴的。

3.学习交流,合作共赢

通过这次专题学习、考察,我们深切地感受到,美国对中国市场的需求是旺盛而迫切的,他们对中国文化的探寻和现代中国普通人的生活也充满兴趣。无论传统大众媒体还是移动互联网与新媒体,中国人和东方元素都不会缺位。

本次专题培训考察,除了封闭式学习,还进行了与各主流媒体、移动互联网与新媒体企业及知名高校的横向交流,如与巴尔的摩大学、华盛顿设计学院、中央电视台北美分部、美国新闻博物馆等政府、高校、传媒、移动互联网与新媒体企业代表 Google、Facebook、Apple、Intel,都作了专题的互动交流。代表团在学习美国移动互联网与新媒体产业发展经验的同时,也通过一对一的直面交流,加强了彼此的印象,并积极创造条件,为今后我们与美国对口产业的交流合作创造了机会,特别在与美国华盛顿设计学院等高校数字媒体艺术、交互设计的各专业师资交流和人才培养模式探讨上达成了初步的合作意向。

(二)建议

本次移动互联网与新媒体产业发展培训考察团汇聚了文化产业政府部门、科技与信息产业、媒体及高校相关院系的代表。大家在学习考察的同时,结合自身工作实际,找差距,寻机会,勤思考,对厦门市的移动互联网与新媒体产业的发展现状、竞争定位以及如何推进其产业化进程,提出了诸多有价值的建议。

蓝皮书

1.加快移动互联网行业转型,提升新媒体产业的核心竞争力

处于"十二五"向"十三五"过渡时期,是整个中国经济发展的战略转型期,也是移动互联网与新媒体产业发展的加速转型和提升期。随着现代数字技术、网络技术在文化科技领域的广泛运用和创新发展,信息产业、文化产业的产业业态、发展方式、产业模式将产生重大变革,推动信息产业跨越式发展,促进文化产业加快从制造向创意转型、从低端向高端转型、从传统媒体向新媒体或全媒体转型,已势在必行。

(1)以"三网融合"为契机,加快新媒体新业务的培育和发展。要以全国"三网融合"试点城市为契机,发展下一代广播电视网络和新一代通信网络,建设厦门IPTV播控平台。搭建多媒体综合信息服务平台,融合有线电视网、互联网、移动通讯网,面向电视机、计算机、手持终端提供基于三网融合、三屏融合的视音频传输、通讯业务,为用户提供多媒体信息的上传、下载、在线播放、分享、交流、转发等服务。推动网络运营商与内容提供商、应用提供商、终端厂商在产业链上下游的合作,推进三网三屏融合互动。要加快发展互动多媒体和互联网视听节目内容;推动手机媒体产业发展,拓展适应手机网业态的手机视频、手机报、手机收费信息、手机电子商务、微信公众账号等新媒体内容及产业;加快发展付费电视,积极发展和提升电子政务、电子商务、信息服务等增值业务的服务品质;重新打造电视购物新业态,选择合适领域及产品,推动"电视商城"的新产品、新服务战略实施,改变人们对电视购物的刻板印象;充分利用地面数字电视覆盖系统,大力发展车载电视业务、移动电视业务、户外视频看板业务,使其成为传统大众传媒的有益补充和民生信息服务、政府舆情传播、城市形象提升的窗口。

(2)以数字出版与网络传播交易为龙头,大力发展数字内容产业。以网络游戏、内容软件、手机动漫为突破口,支持企业依托各类宽带网络平台、手机平台、户外传播平台和电视播出平台,借助

多媒体综合信息服务平台、动漫和游戏的公共技术平台、视音频数据中心、电子出版数据中心和海峡两岸数字内容交易平台,发展数字音乐、数字游戏、数字广告、数字出版和数字学习,加快数字内容产业发展。以厦门网、台海宽频、鹭江出版社、厦门日报社的全媒体改造为拉动,构建厦门市数字出版建设示范点,以厦门软件园二期国家动漫基地、中国移动手机动漫基地、中国电信手机动漫基地、中国联通手机动漫基地、厦门久游网络公司、四三九九、美图秀秀、飞博共创等新媒体公司为依托,壮大数字创作与出版产业链,打造"国家数字出版基地"。要促进传统出版产业的数字化升级转型,推动新媒体、新出版的内容数字化、生产数字化和传播数字化,打造大型综合性内容投送平台。积极对接台湾数字出版产业,学习其"数字典藏"模式,对厦门现有图书馆、博物馆、展览馆等进行数字化改造,从内容到展示方式都能充分借助人机互动技术,提高文化艺术的现实与虚拟交互的体验环境。

(3)以民生为导向,催动信息消费,提高厦门智慧城市含金量,提升数字信息服务水平。要探索建立数字内容产品研发及产权交易平台,促进健康向上的数字内容产品的创作和研发,推动数字内容产业价值链的形成与发展。要统合数字电视、移动电视、手机电视和 IPTV 等发展,推动数字音视频内容的制作与服务,推动内容软件、手机动漫、网络游戏的设计、开发与应用,拓展传统媒体信息服务渠道,拓展通讯运营的增值业务,开展各类民生应用、电子政务、电子商务、娱乐游戏、视频通讯等基于电视、电脑、手持终端等各种网络服务,让数字技术真正走入并改变人民的生活。

2.园区建设与企业扶持双管齐下,以点带面,提升移动互联网与新媒体产业聚焦力

厦门移动互联网与新媒体产业的发展起步早、基础好,更有其得天独厚的条件:城市品牌效应、对台优势、特区和自贸区政策以及优越的边际资源,如气候、环境、文化等,其他产业的支撑也较为

扎实。(1)要做好园区联动和企业互动,推进厦门移动互联网与新媒体产业的整体实力提升。①进一步明确软件园一期、二期、三期的产业集群定位,以软件园三期建设为契机,打造厦门移动互联网与新媒体产业发展高地;②做好软件园一、二、三期与厦门其他文创园区如龙山文创园区、华美空间文创园的联动,培养移动互联网与新媒体标杆品牌,把园区公共平台建设和重点企业的培育扶持结合起来,双管齐下、点面结合;③加大园区或重点企业文化营造和人文关怀,配备更具人性关怀的吃、喝、憩、娱、学的一揽子工程,切实解除移动互联网与新媒体从业人员的后顾之忧,让其安居、趣业、乐活,同时也可提升园区或企业开放旅游观光参访的观赏性和实用性。(2)以节代会,提高行业影响力。厦门良好的自然环境、深厚的人文积淀和成熟的会议、展览专业空间与设施,使厦门成为国内不可多得的节会与旅游目的地城市。除了一年一度的国际投资贸易洽谈会、台交会、海峡两岸文化产业博览交易会等综合性展会以及厦门国际动漫节外,厦门应加大在互联网及影视数字内容展示传播环节的投入力度,以节代会,以点带面,打造综合性的厦门国际互联网、网络视频等数字内容博览交易会,通过节会、论坛等主题活动营造厦门滨海数字影视城市的氛围。①举办国际影视人类学—人文纪录片博览交易会,差异化凸显电影节特色,弘扬闽南文化,提升中国文化纪录片输出能力;②举办海峡两岸青年数字电影节,突出两岸交流特色,着力培育和推介近些年在移动互联网平台上涌现的厦门籍新锐导演,为其冲向国际市场推波助澜;③举办中国微电影节,以新兴的网络视频和影视表现形式打造草根影像创作者的队伍,为厦门影视及新媒体产业培养和储备人才和产品供应。(3)抢抓机遇,在数字影视产品渠道建设方面,建立新媒体内容产业的策划、创意、传播与交易的平台,扩大移动互联网平台影视传播通道,协同内容产业齐肩发展;鼓励更多的影视动画制作企业、文化创意等关联企业调整战略,延伸或转向影视品牌的衍生开发,深度发掘影视动画产业链环节中最具成长潜力的利润板块,培育、做强动画影视衍生产品开发市场,充分发挥成功影视动画作品与移动互联网融合后所带来的聚合效应,带动信息产业、影视地产、影视旅游业、演艺娱乐、文化创意等相关业态发展,带动厦门新城开发,全面提升影视等数字内容新文化业态的聚焦力。

3.产学结合、校企互动,大力培养移动互联网与新媒体产业人才

移动互联网与新媒体等新兴文化业态,是人才密集型、技术密集型产业,其发展需要众多专业技术人员作支撑。要深入实施"人才强市"战略,积极组织开展海外招聘高层次文化人才工作,参与国际人才竞争,争取引进国际一流的数字技术工程师、数字艺术大师、艺术与科技融合的跨界人才,着力提升厦门市移动互联网与新媒体人才队伍结构。同时需做好人才的储备和进阶培训。应该遵循移动互联网与新媒体产业发展规律,走政、产、学、研相结合的道路,培养懂技术、会创新、擅推广的复合型互联网时代的管理人才。

(1)政府应出台移动互联网与新媒体产业人才扶持鼓励政策,把其纳入市高层次人才相关政策文件的适用范围之中,形成包括住房、子女入学、落户等在内的文化产业人才引进"一揽子"政策,使政策惠及互联网创新、数字内容新业态产业人才。对吸纳并培训移动互联网与新媒体产业人才的企业给予专项补贴,为新兴产业人才设立"发展基金",鼓励他们创新、创业。

(2)注重协会建设,使其成为企业人才进阶培训、交流的第二学堂。应充分发挥行业协会的功能,建议成立厦门市数字内容与新媒体产业协会,设立数字内容与新媒体产业孵化基地,加强行业自律、互动,同时挖掘协会人才交流、培训功能,由国内外移动互联网与新媒体等业态管理精美团队组成讲师团,定期做业界专门化培训,不断提升数字内容产业从业人员的专业素质,强化竞争力。

(3)充分发挥高校人才培养、科学研究、服务社会、文化传承与

蓝皮书

创新的功能,与厦门大学的软件学院联合开展国家级重大课题研究,出版学术专著;与厦门理工学院数字创意学院及台湾艺术大学、世新大学等开展两岸数字艺术人才的多层次培训;与中国传媒大学新媒体研究院合作成立"海西事业部",推动海峡西岸新媒体策划、创意、运营人才的常态化培训。

执笔:郭肖华

2015 年 2 月

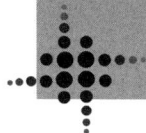

关于赴乌兹别克斯坦、立陶宛、荷兰3国文化交流的报告

◎ 厦门市文化交流考察团

蓝皮书

为了贯彻落实习近平总书记提出的建设"丝绸之路经济带"和"21世纪海上丝绸之路"战略构想,以文艺的形式开展对外文化交流,应乌兹别克斯坦国家文化体育部、立陶宛考纳斯市政府和荷兰祖特梅尔市政府的邀请,以厦门市文联党组书记、常务副主席林起为团长,市外办副主任李啸萍为副团长,市文联调研员、市作家协会副主席赖妙宽为秘书长,市民间文艺家协会主席杨广敏、市摄影家协会副主席杨景初、市舞蹈家协会秘书长林乃桢为组员的"厦门文艺交流访问团"一行6人,于2014年9月15日至9月24日赴乌兹别克斯坦、立陶宛、荷兰3国开展文化交流和访问。考察公共文化设施、艺术家工作室、艺术院校、文化遗产保护等情况,并分别在乌兹别克斯坦和立陶宛举办一场"美丽厦门摄影展"。

本次出访,访问团拜访了考纳斯市长、祖特梅尔副市长(代市长)、乌兹别克斯坦国家艺术科学院副院长、文化体育部外事局局长等3国的重要官员,拜访和考察了乌兹别克斯坦国家艺术科学院、古城建筑保护装修局、现代艺术馆、国家艺术博物馆、考纳斯艺术学院、维尔纽斯现代艺术馆、维尔纽斯被列为世界文化遗产的古城区、祖特梅尔市立博物馆、祖特梅尔艺术家工作区99A、祖特梅尔Q-seum艺术馆等,与3国负责文化事物的政府官员、文化组织负责人、文化场馆工作人员、艺术家协作负责人和艺术家等进行广泛的交流,收集了很多有价值的资料,同时也宣传了厦门。两场

"美丽厦门摄影展"取得圆满成功,交流考察收获颇丰,完成了任务,达到了预期目的。现将有关情况汇报如下:

一、出访交流概况和体会

此次出访的 3 个国家,其中立陶宛和乌兹别克斯坦是独联体国家,独立时间不长,国家面积、人口和经济总量都不大,但历史悠久,人文底蕴深厚。而荷兰是老牌的资本主义国家,经济发达,历史文化悠久,特别是在艺术方面,有辉煌的成就。我们的访问交流,主要是考察了解这 3 个国家的文化艺术机构、公共文化设施、文艺创作状态、艺术家的生活创作情况和民众的文化生活等。此行的重要内容是在塔什干和考纳斯分别举办两场"美丽厦门摄影展",展现美丽厦门城市形象,扩大对外宣传美丽厦门。

立陶宛的考纳斯和荷兰的祖特梅尔两市,已与厦门缔结为友好城市,双方密切往来,彼此较为了解。而属于中亚的乌兹别克斯坦首都塔什干,是古丝绸之路上的枢纽,是习近平总书记开展"一路一带"战略构想的国家首都。塔什干与厦门正在努力缔结为友好城市,2013 年 9 月底,乌兹别克斯坦已率先访问厦门,并在厦门海沧区举办了"美丽乌兹别克斯坦·美丽厦门"摄影展,我们此次到该国访问办展,也是对他们的回访和对接。

(一)"美丽厦门摄影展"的办展情况

访问团分别在乌兹别克斯坦首都塔什干和立陶宛的第二大城市考纳斯举办了体现厦门城市建设、自然风光和人文景象的"美丽厦门摄影展"。各展出 50 幅精美的照片,每幅图片为 60cm * 80cm 和 50cm * 90cm 大小。为确保办展质量,我们事先把图片的尺寸和数量告知对方,并提前把展品空运到指定单位。"美丽厦门摄影展"得到办展国的高度重视和热情支持。塔什干选在国家艺术馆办展,考纳斯选在考纳斯维尔纽斯学院艺术院办展,两城均在我们到来之前已基本完成布展。我们到达后,第一任务就是到展览现场查看布展情况,进行必要的调整,为现场舞蹈表演和书法创作做好准备。

乌兹别克斯坦国家艺术馆展厅宽敞明亮,布展艺术新颖,正面墙上悬挂两国国旗,展厅中央摆设鲜花,艺术馆外临街的墙上还悬挂巨幅"美丽厦门摄影展"海报。当地媒体也事先发布办展消息。考纳斯艺术学院展厅则充满学术气息,与学院的其他艺术陈列交相辉映。

塔什干的展览于 9 月 16 日下午 4 时举行,乌兹别克斯坦国家艺术科学院副院长、国际著名雕塑家拉夫桑和访问团团长林起分别致辞,双方对两国的文化艺术交流和今后的合作发展充满希望。摄影展得到当地市民和专家、摄影爱好者的热捧,约有 200 多人参加了开幕式。有的市民和学生自发前来,在每一幅照片前仔细观察、热烈讨论。他们从照片中看到厦门、看到中国的城市面貌和人民的生活状况,都表现出极大的兴趣和向往,纷纷在照片前留影纪念。塔什干电视台、广播电台、网站及报纸等 6 家媒体到现场采访并进行报道。

考纳斯的展览于 9 月 19 日下午 4 时举行,考纳斯分管文化的副市长瓦斯里朱斯·波波瓦斯和访问团副团长、厦门市外办副主任李啸萍分别致辞。他们回顾了两城之间的友好往来和深厚友谊,一致认为文化交流是双方进一步了解的重要内容,对今后更深层次的交流合作充满信心。李啸萍副主任是第二次出访考纳斯,他的英语致辞和深情回顾,得到观众的热烈掌声。参加开幕式的多为考纳斯艺术学院的学生,他们中的多数人以学东方文化为主。3 年前,考纳斯艺术学院院长乔纳斯·奥德贾蒂斯曾到访厦门集美大学美术学院,他的中文名字叫"黄河"。厦门集美大学考纳斯

蓝皮书

艺术学院两院间已建立了师生互换关系,在场的学生中有已到过厦门集美大学交流学习的,对中国文化和摄影作品的内容十分熟悉和热爱。

这次在两国展后的摄影作品均赠送给友方。

访问团的艺术家还在开幕式上表演了中国民间舞蹈和中国书法创作,受到观众的热烈欢迎。有的学生要求当场学习书法,由中国艺术家手把手指导,书法家还写了"黄河"两字赠送考纳斯艺术学院院长。其他书法作品都现场赠送,许多观众围住书法家,告知自己想要的内容,耐心等待书法家创作,久久不愿离去。场面十分热烈、融洽。

(二)拜访和文化交流情况

本次出访,访问团得到考纳斯市长安德留斯·库普钦斯卡斯、祖特梅尔副市长(代市长)罗宾·帕尔瓦斯特的亲切接见。两位市长在百忙中抽出时间接见访问团成员,并进行简短的交流座谈,双方互赠礼品、合影留念。考纳斯分管文化的副市长瓦斯里朱斯·波波瓦斯设午宴款待访问团,并进行亲切友好的交流。乌兹别克斯坦国家文化体育部副部长原定要接见访问团,因临时公务,改由文化体育部外事局局长与访问团交流座谈。

除了拜访政府官员,访问团还拜访了乌兹别克斯坦国家艺术科学院、古城建筑保护装修局。先后考察了友城立陶宛的考纳斯维尔纽斯学院艺术院、荷兰的祖特梅尔市立博物馆和艺术家工作区99A。乌兹别克斯坦国家艺术科学院副院长、国际著名雕塑家拉夫桑、古建筑保护局首席建筑师阿布萨弗、考纳斯维尔纽斯学院艺术院院长乔纳斯·奥德贾蒂斯、祖特梅尔市立博物馆馆长接待了访问团,并介绍了各自的工作情况,双方就可进一步对接、开展合作等情况交换了意见。

乌兹别克斯坦国家艺术科学院是该国官方的艺术管理机构,

与国家文体部同级。能够进入艺术科学院的艺术家,可以得到政府免费提供的工作室、免费举办美术展,艺术家卖画免税,信息网络会及时把艺术家的创作成果进行宣传传播。在经济尚不发达,人均每月工资 2 000 人民币左右的国家,这些特殊政策体现了国家对艺术的重视,也得到人民的理解,让艺术家有荣誉感和奉献精神,以优异的创作回报国家和人民。

乌兹别克斯坦古建筑保护局,办公地点就在一座古建筑内,显得典雅有文化气息。在这个不大的国家里,同时开展了 8 000 多个古建筑保护项目,并把这些古建筑保护上升到世界文化遗产的高度,争取到联合国文化组织的支持,协调到 10 多个国家来联合工作。从资金到技术都得到最大限度的发挥,历史文化的珍贵性得到最大限度的体现,确实不易。

在考纳斯的市政厅,市政府外办人员组织了一批艺术家前来座谈交流。有考纳斯"奥拉"现代舞剧院项目协调员艾格乐·马修莱泰、考纳斯舞蹈艺术学校副主任古达·普雷库特,考纳斯艺术家联盟主席津塔尤塔斯·瓦苏斯、教堂绘制艺术教育机构瓦达斯·纳津宁斯,还有舞蹈家、画家、作家以及诗人等。

"奥拉"现代舞剧院同时拥有一个 300 多名学生的舞蹈学校。学校——剧场一体化,实现教学与演出同步,专业与市场对接,剧院学校互补,既培养了人才,又培养了市场。他们还依靠市场运作(非政府投资),每年举办一次国际舞蹈比赛,有来自世界各地的 20 多个国家参赛。这个国际舞蹈比赛已形成自己的品牌,在国际舞蹈界里有一定的影响。

他们的作家、诗人相对年纪较大,属于严肃文学创作群体,思想深刻,创作活跃,有社会威望、有影响力。政府对作家和诗人办刊物和出书都给予适当补贴。

祖特梅尔,市政府外办官员汉森先生全程陪同,并设午宴款待访问团一行。访问团先考察拜访了祖特梅尔市立博物馆,观看他们的展品,了解他们的工作内容,走访了艺术家工作区 99A,祖特梅尔 Q-seum 艺术馆等。在艺术家工作室里,了解他们的创作情况,与他们现场交流。在访问交流中,艺术家们就各自的艺术创作状况、艺术家的社会影响和政府对艺术家的扶持等方面,进行了解和沟通;就双方互访采风、创作、办展、音乐节、华文教育等方面进行了交流。当地艺术家和东方文化机构都有进一步与厦门深入交流学习的愿望,双方就今后的互动进行了探讨,达成初步共识。

(三)参观考察各种艺术馆、文化设施和古城、古建筑保护情况

访问期间,访问团在工作间隙参观了当地的艺术馆、文化设施和古城、古建筑。

参观了乌兹别克斯坦的"独立广场"、藏有世界上最古老(公元7世纪)的古兰经的"哈斯特——伊莫姆"清真寺、乌兹别克斯坦"现代艺术馆"、"国家艺术博物馆"和乌兹别克斯坦民族英雄铁穆尔广场。乌兹别克斯坦的"独立广场"作为国家的象征,我们到访时,恰逢乌兹别克斯坦国家体育代表团到"独立广场"进行出征亚运会之前的誓师活动,让人强烈感受了国家和民族精神。乌兹别克斯坦的"国家艺术博物馆"收藏了许多世界名画,极大地提升了一个城市的文化品位。而"现代艺术馆"则把传统民族工艺和现代艺术结合,既展示了该国的传统民族工艺,又有现代气息,艺术性和商品性俱佳。

在考纳斯,主要参观考察他们的古城和古建筑保护。考纳斯的古建筑以教堂和城堡为主,都得到完整的保护,除了战争和自然因素,没有人为的拆除。他们强调现代建筑要为古建筑让路,有的现代建筑特别为古建筑而设计,形成强烈的反差,显示出历史感和新旧建筑各自的美感。古城区的道路仍保留原来的鹅卵石路面,以此形成步行街,街两边的商铺也保留原貌。在考纳斯,最高的建

筑是教堂,最美的建筑也是教堂,教堂星罗棋布,维尔纽斯有就 36 座大大小小的教堂。古老的教堂门口,有一对对新人在排队等待举行婚礼,教堂附近也有许多恋人在拍摄结婚照。他们在古老的教堂,用传统的仪式,祈求见证自己的幸福。教堂周围有一群群孩童在追逐嬉戏,也有一群群的老人在安祥静坐,沐浴阳光。晚上,人们在教堂前的广场举办露天音乐会,咖啡馆、酒吧、餐馆也围绕着教堂开设。可见教堂在人们心中的位置,教堂是这座城市的标志,也是城市民众的精神依托,他们在教堂庄严、仁爱、优美的氛围中追求自己的生活,表现出一种祥和和安宁。我们身临其境,感悟颇深。

荷兰是西方早期资本主义的发祥地之一,经济发达,思想开放,文化前卫,曾出现过像凡高、埃舍尔这样的艺术大师。在祖特梅尔,不管是城市建设、城市景观,公共设施,许多工作细微之处,都体现出艺术氛围,也就是艺术渗透到民众的日常生活之中,而艺术家的创作也是沉静、独立的。我们参观的艺术家工作室,有的同一题材、技法已经从事 20 多年,有的是独自一人在默默创作,没有过多的商业炒作和浮躁心理。总的感觉是:艺术在荷兰已深入人心、深入生活,是生活中的自然追求。所以,出艺术精品和艺术大师也就不奇怪。

二、主要感受、收获和建议

(一)收获友情,加深了解,积累经验,形成模式

在访问交流和办展中,我们感受到友方认真负责、办事严谨的态度,他们的布展和宣传工作超乎我们的预期。图片展览效果良好,直观的画面,让外国观众看到了美丽厦门的真实画面,得到了

蓝皮书

他们的赞赏和喜爱,对中国文化和厦门表现出很高的兴趣和热情。双方的大学和文化机构也对互派学生和艺术家交流进行了探讨,建立了进一步联系的渠道,为今后的深入交往打下基础。

在访问和交流过程中,感受到友方艺术家或普通观众,对艺术的热爱和追求,更趋于自然、自在,发自本性,而不是追求实用,也许这样更容易产生真正的艺术。

这次出访是厦门市宣传文化和外事部门探索以文艺的形式加强对外交流的尝试,得到市委宣传部和市外侨办的大力支持。市文联牵头组团,深感责任重大,因而更为高度重视。从人员组成、交流项目、办展内容、展出形式、礼品选择等方面都认真准备,严格把关。外办领导也亲自指导,外办工作人员在与将到访的3国有关方面沟通时,不厌其烦做了大量细致的工作,使这次出访的任务得以顺利圆满完成。

访问团在活动中,不管是拜会当地政府官员,与艺术家交流或是在摄影展开幕式上的致辞、互赠礼品、接受媒体采访、与观众互动、艺术家现场表演,都表现得得体大方。

通过这次出访,感觉艺术的共性使双方更容易理解和沟通,合作的机会多。建议今后在厦门城市的对外交流,应更加突出"文化外交"、文艺外宣和先行,加大以文艺的形式开展对外交流,一方面调动厦门文艺家的积极性和潜能,开阔他们的视野和学习国外的先进艺术形式,提升厦门文艺整体水平;一方面以艺术的形式宣传中国文化和厦门城市形象,更为直观和真实,更容易被外国观众接受,效果更好。

(二)文艺对城市品位的提升和人民精神的引领作用

在考察和拜访3国的文化艺术机构和艺术家中,我们体会到不管是在国家独立时间不长的乌兹别克斯坦,还是在出过世界艺术大师的荷兰,艺术无处不在,文艺家受到国家和人民的尊重,给予各种荣誉,享有崇高的地位。政府为艺术家提供工作室和办展场所,对作家、诗人出书给予资助,文艺家在宽松的环境里自由创作。在乌兹别克斯坦,还对艺术家的作品销售实行免税政策。乌兹别克斯坦的国家艺术博物馆收藏了不少世界名画,极大地提升了一个城市的文化品位。在祖特梅尔,市立博物馆定期举办"市民艺术品收藏展",每 3 个月一换,激发了市民的艺术追求和社区的文化交流,和谐社会关系,值得我们借鉴。还有城市老照片以折页的方式固定展出,不占空间,简单方便,随时可以查看,让市民记住历史,热爱家乡。古建筑保护也是一种文化传承。乌兹别克斯坦的古城建筑保护装修局,把旧城保护上升为世界文化遗产项目,争取到联合国文化组织的支持,纳入世界文化保护项目,从资金到技术为旧城保护获得科学、有力的支持。这点尤其值得我们学习。我们的鼓浪屿老别墅、闽南红砖民居保护等,都是在自己的视野和能力以内单干,应争取借助外力,既扩大宣传又有实质性的帮助。而立陶宛的古城保护,则是现代建筑为古城让路,有的现代建筑因古城而设计,让现代建筑衬托古建筑的美感,两者交相辉映,相得益彰。古城的鹅卵石路面也保留着原貌,因此形成的步行街,走在上面有一种历史厚重感和延续性,也就会让市民形成文化认同和自豪感,对外地游客也是一种历史文化的熏陶。

虽然古城古建筑保护得很好,但市容市貌,公共设施,都有大量的现代和创新元素,也就是在城市的建设和管理中,政府十分重视文化和艺术的嵌入,在不知不觉中体现一个城市的文化品位,既有传统文化又有现代意识,而不是断裂。

(三)几项比较具体可以进行合作交流的建议

1."奥拉"现代舞剧院与厦门市的小白鹭舞团有许多相同的地方。"奥拉"现代舞剧院以市场运作的方式,每年举办一次国际舞蹈比赛,有来自世界各地的 20 多个国家参赛,已形成品牌效应。

蓝皮书

我国有舞团参赛,而厦门市尚未参赛。作为考纳斯的友城,又有小白鹭舞团的存在,厦门应组织参加这个赛事。

2.争取在集美大学或市属高校设立东方文化中心,吸引国外年轻学子前来学习,我们在考察中,感觉他们对这方面的需求强烈。

3.定期与乌兹别克斯坦塔什干举行不同艺术门类的展览,可分别在两市举行,并派油画、雕塑、摄影艺术家相互交流、采风、研讨,以促进厦门市美术创作水平的提高,因为该国这方面的艺术水准很高。

4.建议围绕美丽厦门战略实施,有选择地在成熟的社区开展此类活动试点,取得经验后逐步推开,形成共同缔造市民参与的浓厚的艺术氛围。

5.开展与友城作家间的交流与合作,学习上海的做法,开办国际写作营,双方的作家诗人可以在写作营里交流、创作。

6.建立友城文艺机构之间的常态性合作,如建立文艺交流合作机构,定期互派艺术家进行交流,开展优势互补的合作项目,并定期进行信息交流等。

7.建议在大会堂广场或合适的地方,设立厦门市友城名录牌。依结好时间顺序排列,展出该国国旗和城市名称标识。一方面让厦门市市民知道有哪些国家哪些城市是厦门的友城,另一方面也让结好的外国朋友感到受尊重。这是我们在考纳斯看到他们建在市政厅广场友城名录的感受。

考察团团长:林起

副团长:李啸萍

秘书长:赖妙宽

团　员:杨广敏　杨景初　林乃桢

执　笔:赖妙宽

2014年10月28日

Gonggong Wenhua

公共文化

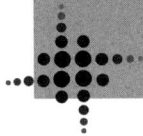

城市，用阅读涵养心灵

——2014 年厦门市专题读书月活动总结

◎ 厦门外图书城

点亮一盏灯，足以充盈整间房。阅读，开启智慧之光，照亮人们前进的路。当全民阅读蔚然成风，一座城市因此而蝶变。外图厦门书城正是本着这样的信念，用"专题读书月"的形式，倡导阅读、服务阅读、推动阅读，在繁忙的都市中开辟出了一块文化净土。市民的阅读热情，让专题读书月一路走来，越走越宽广。2014 年，厦门市专题读书月活动共策划实施 6 项主题活动、12 期配套活动，举办了 293 项阅读节目，本土作家品读会、文化名人读者见面会、文化公益讲座、民间读书会，以及各种亲子 DIY 制作……各项活动创意清新，直接、间接参与的读者约 20 万人次。阅读，已成为厦门市民生活中的不可或缺的一部分。

一、主题鲜明突出，活动精彩纷呈

2014 年，外图厦门书城始终将引导市民阅读理念的工作放在首位，对每一期读书月主题的延伸和活动的内涵进行了深入挖掘，加强了主题受众的张力，努力使阅读理念更及时反映当前的时代热点，更符合市民的生活和工作习惯，更适应普通读者们的思考方式。在保留"新春读书月"、"外来员工读书月"、"青年读书月"、"女

蓝皮书

性读书月"、"暑期读书月"等传统的阅读主题基础上,继续将"书香鹭岛活动月"、"诵读节"、"世界读书日"和"著作权保护宣传月"等活动与当月阅读主题相配合,扩大阅读受众范围,争取以最大的社会合力为市民奉献文化大餐。在书城,几乎每周都有举办心理学讲座、健康讲座、国学讲座、亲子教育讲座等各类公益活动。同时,还为民间读书会提供了交流平台,如,新书分享会、小鱼读书会、与社科联合作举办周末讲坛等。值得一提的是,由厦门市委宣传部、市社科主办的"鹭江讲坛",已发展成厦门宣传普及哲学社会科学的大舞台。如今,读者们把到书城参加讲坛听课当作一种"享受"、一种"时尚",他们甚至会通过电话、邮件等形式请求有关部门举办他们需要或喜爱的专题讲座,从学文化,到爱文化,再到讲文化,厦门人正体验着知识带给他们的快乐。

2014 年度专题读书月的特别之处是,利用厦门本地作家资源,举办多场厦门作家作品研讨会,闽南话、闽南土楼讲座,并设置厦门作家作品专柜,极大地促进了厦门本地作家与读者间的交流。此外,书城加大阅读活动的互动性,1 月份的送春联活动,2 月份的玫瑰花手工制作、篆刻体验活动,3 月份的亲子 DIY、茶道国学体验课、水墨游戏国画体验课,4 月份的机器人科普体验,5 月份的亲子摄影采风、硬笔书法比赛,6 月份的儿童漫画涂鸦比赛,7 月份的"小书虫"夏令营,8 月份的象棋比赛……,这些文化活动的举办,让读者通过参与、表演、欣赏等方式进行文化交流。

不仅如此,外图厦门书城还邀请了海峡两岸和香港的 54 位作家、文化名人加入到专题读书月的活动中,共举办 43 场新书发布会、读书讲座活动,与广大市民读者分享了传统阅读所带来的美感体验。这些作家、名人包括了央视主持人白岩松、郎永淳,"百家讲坛"主讲人傅小凡,文艺暖男张嘉佳,跳水奥运冠军田亮,网络神剧《万万没想到》制作团队、青春偶像作家饶雪漫、韩寒团队,儿童作家杨红樱、商晓娜,漫画家丁一晨、郭斯特,营养学家孙红丽、养生专家杨奕等。这些活动在厦门掀起一阵又一阵的文化热潮，带动了书城火爆人气，让市民有机会一次次目睹名家名人的风采，聆听智者声音。

二、普及全民阅读，打造文化盛宴

2014年，专题读书月活动更加注重店外的活动开展，店外活动占据全年活动的三分之一，比例不断提高。其中，外图厦门书城进一步加大"阅读基地"的建设工作，已累计创建49所阅读基地，与云顶学校、故宫小学等11所学校开展了12场校园图书文化节活动，邀请了方素珍、香橼姐姐、杨红樱、商晓娜等知名儿童作家进校园加盟校园读书节活动，直接参与学生人数超过2万人。组织梧村小学、群惠小学、园南小学、松柏小学等多所学校上千名小小图书管理员参观书城，为他们进行版权知识培训，讲解如何区分图书和音像制品正版、盗版。暑假期间，组织湖明小学参加小书虫夏令营活动，通过慈善爱心教育、小杜叔叔绘本故事课堂、香橼姐姐写作分享会、学会毛笔字公开课，活用一辈子的记忆术公益讲座等活动，让小读者们获取更多课本以外的实用知识，养成从小阅读的好习惯。

除了阅读基地书展进校园外，阅读进农村、进社区、进部队、进企业等活动应接不暇：参加在翔安区新圩镇"三下乡"活动，并为社区赠送了图书；积极参与思明区全民终身学习活动月进社区活动，在湖里忠仑公园和思明育秀广场两地，针对服务社区居民，进行主题书展，为社区居民提供丰富的精神食粮；先后与31军某部队、水警区和嘉莲派出所等单位开展共建，精心为部队官兵挑选了上千种图书，对军营图书馆藏书进行不断更新、补充，丰富广大官兵的业余文化生活；两次到翔安友达光电有限公司举办书展，方便企业职工的阅读生活，让阅读更贴近实际、贴近群众。此外，还在市图

蓝皮书

书馆、诚毅学院等地举办多场作家讲座活动,并结合书香鹭岛活动月、第十届社会科学普及宣传活动周、城市诵读节、2014 著作权保护宣传月等大型活动,策划了 20 多场相关的文化节目,营造出全市阅读大联欢的热烈氛围。

厦门市专题读书月已经形成了辐射岛内外、涵盖多场所、惠及多群体的重要活动形式。随着活动蔓延到城市的各个角落,参与的读者更加广泛,学生、官兵、教师、公务员、进城务工者等各行各业的人员都能享受到阅读带来的乐趣。

三、宣传造势创新,激发读书热情

随着现代化互联网的广泛应用和电子商务的深入发展,人们的阅读习惯也悄然地发生了变化。外图厦门书城正在积极寻找新的方式,以适应网络时代造成的困境。2014 年,书城继续发挥阅读推荐平台的作用,在书店里设立畅销书排行榜、新书排行榜、亲子阅读专柜、微博销量排行榜、家庭书架、企业书架等多种阅读推荐平台;在媒体上,通过电视台(厦门电视台、海峡卫视、城市 T 频道)、广播(厦门新闻广播,厦门人民广播,厦门旅游广播)、报纸(厦门日报、晚报、海西晨报、海峡导报、东南快报、广播电视报)、网络(凤凰网、新浪网、腾讯网、厦门网、小鱼网、豆瓣网)等媒体发布超过 500 篇/次关于专题读书月各种文化活动的报道,达到了立体式的宣传效果。2014 年 2 月,中国出版传媒商报对厦门市专题读书月进行专题报道——打造厦门市民的知识银行,对外图厦门书城连续 7 年坚持承办读书月的做法和活动模式给予肯定。与此同时,《厦门日报》每个月在《学习之窗》版面做"公务员阅读书目推荐"、《书香两岸》杂志每期为读者提供"新书阅读资讯";在阅读基地学校设置青少年学生阅读宣传栏,定期更新阅读推荐书目,并在寒暑假期为阅读基地学生发放课外阅读推荐书单。

除此之外，在微信公众平台也成为信息传播和互动沟通一大利器的大环境下，外图厦门书城顺应读者获取信息的趋势，建立了微信公众号，将微信作为推动新兴阅读平台发展的新力量，打造成为厦门市专题读书月活动信息发布和好书推荐的一个重要窗口。线上线下互动，立体式推荐阅读信息、活动信息发放。安排专人每天更新微信活动内容，发布推荐图书目录和每周重要活动，目前微信公众平台粉丝已超过 13 000 人，微博关注近万人。阅读引导取得了很好的效果，不少读者正是通过这种方式，获得了更多的阅读资讯。如 12 月份，央视主持人白岩松的读者交流会，书城只提前 4 天在微信平台发布活动预告，但活动效果大大出乎组织方预料，参与读者超千名，不少人专程从外地赶来参加活动；10 月份，文艺暖男张嘉佳读者见面会、网络神剧《万万没想到》制作团队读者见面会创下了继蔡康永之后的另一个签售高峰。

厦门市专题读书月是一个无隔阂、无障碍的知识交流平台，所有人在这里没有身份之别，他们以读书为荣，以读书为乐，他们都有一个共同的名字——读者。书香因子深深地渗入在每位读者身上，读书成为一种生活方式，成为厦门这座城市的独特气质，成为厦门人的一种生活自觉。

作为福建省最大的实体书店，外图厦门书城承载着一座城市文化风景与精神价值，肩负着文化交流窗口的重任。今后，书城将不断创新，开展更多更贴近市民、更有效的读书活动和文化活动，传递正能量，带动全民阅读的热潮，将厦门市专题读书月活动办成厦门这座城市的文化品牌，并使读书这一古老而传统的文化行为不断获得新的内涵。

执笔：林元添

2014 年 12 月

蓝皮书

Liang'an Jiaoliu

两岸交流

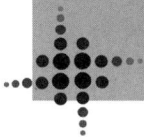

关于文化创意产业千亿产业链建设的厦台合作与对接问题

◎ 戴志望

　　按照国家的统计规范,我们有文化产业的统计范围,其中,有一个大类叫"文化创意和设计服务",但在统计上没有一个叫"文化创意产业"的类别。为了突出文化产业的核心内涵,体现文化产业作为现代服务业的基本特征,我们把"新闻出版发行服务"、"广播电视电影服务"、"文化艺术服务"、"文化信息传输服务"、"文化创意和设计服务"、"文化休闲娱乐服务"和"工艺美术品的生产"等七个大类独立出来,统一称之为"文化创意产业",并作为厦门市要打造的十条千亿产业链之一。台湾的文化创意产业由 15 个产业门类组成,提出了"创意生活产业"这个独特的产业门类。从产业门类的构成情况来看,台湾的"文化创意产业"基本上等同于厦门市为构建千亿产业链而命名的"文化创意产业"。

　　从统计分类看,厦门市千亿文化创意产业链由七大门类构成。从现有产业基础和突出厦台产业对接的角度出发,厦门市要重点发展其中的 5 大产业门类,即:高端艺术品产业(工艺品的生产和文化艺术服务)、数字内容与新媒体产业(文化信息传输服务)、创意设计产业(文化创意和设计服务)和演艺娱乐业(文化休闲娱乐服务)。文化信息传输服务等这些用于统计分类的概念过于专业,文化产业的从业人员和社会大众并不熟悉,因此,我们特意用更加通俗的"艺术品产业"、"创意设计产业"等名称来替代之。我们没有把广播影视和新闻出版发行作为重点,并非不重要也不是没有

蓝皮书

基础,实际上,除电影产业外,厦门市的广播电视和新闻出版发行在副省级城市中处于中上游。但是,从成长性来看,近3至5年内,厦门市的广播影视和新闻出版发行业不可能有跨越式发展,比如年均20％以上的高增长等。从对台合作对接来看,厦台在广播影视和新闻出版发行领域的合作已经到达了一定的程度。文化创意产业链与其他产业链如平板显示产业链,有很大的不同。文化创意产业由多个产业门类构成,其产业门类之间有产业的相关性,相互之间可以形成产业链的关系,同时,每个产业门类,如艺术品产业,本身可以构建一条完整的产业链。各产业门类的产业链之间又相互联系,有的甚至互为上下游,如广告产业与设计产业和新闻出版等产业。因此,文化创意产业链相比较要复杂得多,是由诸多产业链铰合而成的产业链,基本链条是上游的原创(文学、剧本等艺术创作)、设计、创意策划等,中游的制作、集成、传播,下游的体验、展示、交易等,分为内容型、平台型和渠道型的产业链环节等。

台湾创意产业发展较早,并于2002年开始以"创意台湾"为目标,推出创意产业发展计划,借由艺术创作和商业机制之结合,创造本地文化特色之产品,同时也借以增加创意产业的附加价值。2009年,台湾行政当局推出了文化创意产业的"旗舰产业"计划。该计划从现有15个产业门类中,择取发展较为成熟、具产值潜力、产业关联效益大的类别,包括电视内容产业、电影产业、流行音乐产业、数位内容产业、设计产业和工艺产业,予以重点推动,借以发挥领头羊效益,带动其他文化创意产业发展。2010年,台湾地区通过了《文化创意产业发展法》,明确了发展文化创意产业的基本原则和方向,并确定产业内容及范围,聚焦于重点产业门类等;随后增加的资金、研发、税收、人才等多方面的资助,是台湾文化创意产业加速发展的重要因素。台湾将创意产业定义为:"源自创意或文化积累,透过智慧财产的形成与运用,具有创造财富与就业机会之潜力,并促进全面美学素养,使国民生活环境提升之产业"。在此定义下,依据《台湾文化创意产业发展法》,文化创意产业有 15 个次产业或产业门类构成,分别为:视觉艺术产业、音乐及表演艺术产业、文化资产应用及展演设施产业、工艺产业、电影产业、广播电视产业、出版产业、广告产业、流行音乐及文化内容产业、产品设计产业、视觉传达设计产业、设计品牌时尚产业、建筑设计产业、创意生活产业和数位内容产业,分属"文化部"、"经济部"和"内政部"管理。2012 年,台湾对文化创意产业的发展提出了"四化"的要求,即:泥土化(本地化)、国际化、产值化和云端化,推动台湾文化创意产业链的建构与创新。

2012 年,受国际景气走势的影响,台湾岛内消费趋缓、外销市场萎缩,台湾经济的增长率为 1.32%。由于文化创意产业的强周期性特征,在经济热络时,文化创意产业增长较整体经济快速,在景气不振时,文化创意产业下滑幅度较整体经济大。因此,2012 年,台湾文化创意产业总营收为 7 574.24 亿新台币,占地区生产毛额的 5.39%,比上一年度降低了 0.35 个百分点,为近 3 年来的首次下滑;比增为 −3.42%,是自 2010 年以来的首次负增长。从产业的地域分布来看,以 2012 年的产业总营收为参照,台湾文化创意产业的集中化特征比较显著。台北市是台湾各县市中文化创意产业的第一大城市,总营收为 4 139 亿新台币;其次为新北市,863 亿;高雄市,381 亿;台中市,359 亿;桃园县,266 亿;这 5 个城市的总营收占了全台湾文化创意产业总营收的 89.15%。

从 14 个产业门类(创意生活产业除外)来看,2012 年营收额最大的产业门类分别是:广告产业(1 450 亿)、广播电视产业(1 308 亿)、出版产业(1 153 亿)和工艺产业(1 058 亿),这四个产业门类的营收均超过 1 000 亿新台币。从增长率来看,2012 年,台湾地区文化创意产业的各产业门类中,视觉艺术产业增速最高,同比增长了 24.43%;其次是音乐及表演艺术产业,比增为 11.17%;

設計品牌時尚產業,比增 10.34%;數位內容產業,比增 4.4%。與此同時,營收下滑幅度最大的 4 個產業門類是:視覺傳達設計產業,增速為－38.90%;工藝產業,－23.91%;文化資產應用及展演設施產業,－13.56%;產品設計產業,－2.39%。

在台灣文化創意產業的 15 個門類中,有一個十分特殊的門類叫"創意生活"。在台灣,創意生活產業是"指從事以創意整合生活產業之核心知識,提供具有深度體驗及高質美感之行業,如飲食文化體驗、生活教育體驗、自然生態體驗、流行時尚體驗、特定文物體驗、工藝文化體驗等行業"。台灣的創意生活產業涵蓋範圍很廣,能提升服務業層次,提供深度體驗、高質美感,增加附加價值,已被認為是未來台灣最具吸引國際人士的新特色產業。而創意生活產業推動六大類別,凡飲食、工藝、家飾時尚、自然生態等領域都是人類生活體驗的一部分。其中蘊含著產業文化知識、高質商品、空間美感,並提供深度體驗服務與活動的創意生活產業,涵蓋衣、食、住、育、樂等各領域。讓文化因素、美感體驗來為其他產業注入附加值、提升人們的生活品質、養成高雅而綠色環保的生活方式是文化產業發展的最終目標,提出創意生活產業是台灣地區對發展文化創意產業的一大貢獻。但是,從發展來看,創意生活產業還剛剛起步,2012 年,台灣公佈的產值為 240 億,且涵蓋多個行業,其最終價值主要體現在社會生活的方方面面。因此,我們在研究廈台文化創意產業對接時不考慮創意生活產業,而只是作為一種發展理念予以關注。

總體上看,台灣的創意產業發展正處於產業中期階段,創意產業的產業內結構和產業鏈的分工發展都積累了一定的經驗,創意產業根基深厚。近年來,台灣的創意產業發展也面臨諸多問題:人才過度集中於高科技產業、製造業,導致文化創意創新人才不足;研發、品牌、營銷投資不足;各機構的協調、整合有待加強;中小企業為主的文化創意廠商,在研發、資金、技術、營銷及國際化程度均有不足;产业基础环境不佳;岛内市场不大等。同时,韩国、日本在文化创意产业上的发展,也对台湾创意产业的发展形成强大的冲击。为增强发展后劲和拓展市场,台湾文化创意产业也迫切"西进",谋求与大陆合作发展。

厦门市与台湾一水相隔,是对台的前沿平台。通过两岸共同举办的海峡两岸文博会,厦台在文化创意产业的合作对接方面已经拥有了一定的基础、积累了一定的能量。从千亿产业链的构建与创新出发,厦门市与台湾文化创意产业的对接主要体现在一个发展目标、四大产业门类、两个层面和若干个领域。

2012 年,厦门市文化产业的总产值是 869.53 亿元,其中,作为核心内容的文化创意产业的产值为 286 亿元,折合为 1 396.74 亿新台币,与台湾 5 大文化创意产业集中区域相比,厦门市的文化创意产业的总产值已经超过了在台湾位居第二的新北市(863 亿新台币),但与台北市(4 139 亿新台币)相比,厦门市的当年度产值约为台北市的 33.74%。因此,在发展目标上,厦门市通过构建千亿文化创意产业链,力争到 2017 年底,厦门市文化创意产业的总产值能够超越台北市(2012 年,台北市的文创产值比增为 −1.98%,预计之后若干年的年均增长率也难以超过 3%。),到达 1 000 亿元人民币以上(年均增长率为 24%)。

对台合作对接是促进厦门市文化创意产业千亿产业链建设的重要内容。高端艺术品产业可以对接台湾的工艺产业和视觉艺术产业;数字内容与新媒体产业可以对接台湾的数位内容产业;创意设计产业可以对接台湾的广告产业、产品设计产业、视觉传达产业、设计品牌时尚产业和建筑设计产业;演艺娱乐业可以对接台湾的音乐与表演艺术产业和流行音乐与文化内容产业。厦台文化创意产业的合作与对接涉及了台湾的十大文化创意产业门类和四个"旗舰产业"。在这些产业领域,台湾有先发优势、有管理经验和技术创新、文化与科技融合的能力比较强、有一定的国际知名度和国际拓展能力、有一定的人才储备等优势。比如,在创意设计领域,在2003—2012年期间,台湾设计师或企业参与国际性的设计奖项并获奖者超过1 400项,2011年台湾举办了世界设计大会,大大提升了台湾创意设计的国际知名度等。与此相对应,厦门市在这些领域也已经具有了比较好的产业基础,比如,网络游戏等领域已经超越了台湾,在创意设计方面,建筑设计与室内设计有比较雄厚的基础,时尚设计产业已拥有一批在国内外知名的设计师,在艺术品领域的一些企业开始引领大陆市场等。因此,从完善厦门市文化创意产业链的需要出发,我们把与台湾的产业对接集中在两个层面若干个领域:

一是产业层面的对接,包括发展理念与政策配套两个领域。在这个层面,所谓的"对接",主要还是指我们要向台湾学习的主要领域,对接就是学习和借鉴。在发展理念上,首先,台湾对文创意产业的定位要明显高于其他产业,除了要创造财富和就业机会,还肩负"促进全民美学素养,使国民生活环境提升"的使命;其次,台湾学习和借鉴了美国、韩国和日本的经验,实施跨界与跨业发展战略,形成"一源多用"(利用单一素材衍生出多种商品,使单一成本创造多项价值)的发展机制。在政策配套方面,明确了文化创意产业的范围和发展方向,确立"旗舰产业"的发展战略,推出与"旗舰产业"计划相配套的"环境整备"政策,为文创产业发展提供"多元资金挹注"、"产业研发及辅导"、"市场流通及拓展"、"人才培育及媒合"和"产业聚集效应"等政策支持;形成"一源多用"促进机制,提出了"整合性治理架构",促成跨界跨业整合,由"跨价值链整合"串起文化创意产业的上、中、下游,发挥最大效益。因此,从产业对接层面看,首先,我们要明确对接产业,即5大产业门类对接台湾的十大产业。其次,依据"美丽厦门"规划,确立文化创意产业在城市发展中的特殊定位,使之处于优先发展的地位;再次,构建和完善产业链,促进"一源多用"机制的形成,培育跨界和跨业发展机制,出台优惠政策,向文化创意产业优先配置资源,实现政策倾斜。目前,厦门市已经明确了未来一个时期重点发展的文化产业门类,也提出了对接台湾数位内容产业、工艺产业等十大产业的明确方向。现在的关键点是尽快研究出台实行资源倾斜配置的优惠政策,这是产业层面对接的重点。

二是产业链层面的对接。这个层面的"对接",主要是指产业的转移嫁接和产业链的分工合作。具体对接工作涉及以下几个领域:

首先,高端艺术品产业的对接目标。(1)台湾的视觉艺术产业。2012年,该产业比增了24.43％,似乎是发展空间很乐观,其实不然。深入分析发现:台湾古玩书画批发零售的货源主要来自大陆,主要市场也是大陆,而且,台湾古玩书画等艺术品市场受制于其艺术品拍卖税制,国际知名拍卖公司如佳士得和苏富比均撤出了台湾。因此,厦门市有机会利用区位优势和逐步完成的艺术品交易展示平台,将台湾的古玩书画的批发零售等主要产业内容吸引过来,与之相伴而来的还有艺术品修复、字画裱褙及鉴定等产业环节。(2)台湾的工艺产业。台湾对工艺品的产品定位是生活美学,整体上看,台湾的工艺产业发展比较成熟、产业水准高、特色鲜明,与作为其上游的设计产业和作为其下游的创意生活产业紧密衔接,跨业整合发展能力比较强,明显高于厦门市艺术产业的发展水平。在产业链对接层面,厦门市要着眼于台湾工艺产业的上游的工艺设计与创作环节和下游的展示与交易环节。具体讲,就是要引进台湾工艺产品的设计理念及其知名设计师、手工艺的教学模式以及制作环节的创新技艺,引进台湾工艺产品的艺术经纪人才、国际市场拓展经验及其展示交易模式等。台湾工艺产业的集群化、本土化的特征鲜明。为做好厦台对接工作,我们可以在现有文化产业园区中选一家作为厦台工艺产业园并在政策予以支持。

其次,创意设计产业的对接目标。这个产业门类相当于台湾5 大产业的集合,即:产品设计产业、视觉传达设计产业、设计品牌时尚产业、建筑设计产业和广告产业。台湾广告业发展水平较高,但由于经济景气不佳、岛内市场狭小以及产业外迁,广告业营业额的增长逐年趋缓,2012 年的增长率为 0.53%。从产业链来看,广告业的上游是设计产业、下游是广播电视、新闻出版和数字内容与新媒体产业,因此,广告产业是文化创意产业十分重要的一个组成部分。在产业链合作环节,厦门市广告业应当努力引进台湾的广告创意和整合性全方位解决方案的服务形态。按照台湾地区的产业分类,产品设计包括:工业设计、包装设计、多媒体设计及其他专业设计服务;视觉传达设计包括:企业识别系统设计(CIS)、品牌形象设计、平面视觉设计、网页多媒体设计、商业包装设计等;设计品牌时尚是指从事以设计师为品牌或由其协助成立品牌之设计、顾问、制造、营销等行业,相当于大陆的时尚设计产业;建筑设计包括:建筑设计、室内设计、景观规划与设计、庭院设计等。在这些领域,台湾均有比较优势,但产品设计和视觉传达设计优势更加明显,设计品牌时尚产业也是刚刚兴起的产业,与厦门市的时尚产业几乎同步,建筑设计的两岸交流与合作已有很好的基础与条件。由于岛内市场需求不足、整体经济不景气以及全球化的冲击,台湾设计产业总体低迷:2012 年,产品设计产业的营收增长率为:－2.39%,视觉传达设计产业:－38.9%,建筑设计产业:－1.26%;只有设计品牌时尚产业有较快增长,增长率为:10.3%,展示了体验经济时代消费者对个性化产品的强烈需求,但是,总营收只有3.17 亿新台币,市场规模还很小,与厦门市的时尚产业产值相当。因此,从发展与对接的角度看,创意设计要加大厦台对接的力量,要尽快出台优惠政策,建立专业化的两岸设计产业园,着力于全行业引进台湾的产品设计等设计产业。

再次,数字内容与新媒体产业的对接目标。这个产业门类在台湾叫"数位内容产业",属于台湾重点发展的六大"旗舰产业"之一。从 2002 年至 2012 年的 10 年间,台湾数位内容产业的年复合增长率是 15.2%,2012 年比增 5.58%,是台湾地区发展得比较好的产业,有三个方面的优势:(1)内容。无论流行音乐、游戏、影视、漫画等已经积累了大量的原始素材和较高的制作能力,且为全球华文市场流行指标;(2)人才。整体平均开发能力、素质、内容制作与技术人才仍然优于亚洲(除日本外)其他地区,且人力成本较欧美国家具竞争力;(3)技术。台湾拥有实力雄厚的通信和 IT 产业基础。目前,台湾当局和业界推行"数位汇流"(数字集成)和"一源多用"计划,充分利用新媒体新技术挖掘产业潜力。台湾数字内容产业发展的远景是:成为全球数字内容产业发展的典范。按照台湾的产业分类,数位内容产业由 8 个次产业构成。从对接合作的角度分析,在网络游戏和数字动画方面,厦门市的实力基本达到甚至超越了台湾的发展水平,受两岸有关政策的规制,在这两个领域的合作对接很难有大的拓展,可以加强的是特定人才与创新技术引进方面的工作;作为完善厦门市数字内容产业链的重点,我们要力争吸引台湾"数位学习"和"数位出版与典藏"这两个领域的企业、资金、技术、商业模式来厦投资发展,延伸产业价值链,增强数字内容与新媒体产业发展的集群效应。

最后,演艺娱乐业的对接目标。这个产业门类主要涉及台湾地区的两个产业:音乐及表演艺术产业和流行音乐及文化内容产业。演艺娱乐业当然与电影产业和广播电视节目产业乃至出版产业相关,但是,一方面是出于产业分类的考虑,另一方面也是从两岸的政策规制考虑,演艺娱乐业不把电影、电视等纳入。在演艺娱乐产业上,我们要在哪些领域促进厦台对接呢? 一个是音乐及表演艺术领域的对接。2012 年,这个产业的比增是 11.17%,发展态势很好。台湾的剧团、乐团、音乐表演、民俗艺术表演等,市场化程度很高,市场推广能力和艺术表演活动筹划与监制能力很强,表演艺术与科技融合发展成了产业发展的主要形态,探索发展了"艺文＋百货"这样一种跨业发展的新模式等。从完善产业链的角度分析,我们在这个领域需要引进的是台湾艺术表演的市场拓展和活动筹划与监制等服务环节,包括"艺文＋百货"这样的新商业模式。另一个是流行音乐及文化内容产业。2012 年,台湾这个产业的比增是－1.98％,负增长的主因是 CD 唱片批发零售的衰退。台湾在这个行业上的亮点是艺人及模特经纪业、数字音乐、音乐串流服务和演唱会及"Live House"等新形态。我们可以引入台湾的艺人及模特经纪服务、数字音乐平台等产业环节和"Live House"等新的演艺形态。

2014 年 6 月

Wenhua
Huizhan

文化会展

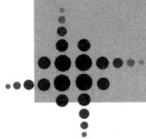

文化互动　合作共赢

——第七届海峡两岸文博会综述

◎ 海峡两岸文博会筹备办

第七届海峡两岸（厦门）文化产业博览交易会（以下简称"文博会"）于 2014 年 10 月 24－27 日在厦门成功举办。本届文博会秉承"一脉传承，创意未来"的主题，进一步体现"突出两岸、突出产业、突出投资、突出交易"的办展宗旨，加强市场化运作，推行节俭，注重实效，力图打造成为海峡两岸最专业、最具影响力的工艺艺术品、创意设计、数字内容及影视、文创旅游的投资交易平台，取得了突出的成效。

本届文博会通过"一展、一周、一会、一节"的形式，打造两岸工艺艺术品交易展、两岸新势力艺术设计周、海峡数字内容产业大会和台湾文创购物节四大品牌，将展会打造成两岸文化互动、合作共赢的金字招牌、活动平台。本届文博会的突出特色可以用以下几个词来描述：

盛大

本届文博会总展览面积 5 万平方米，比上一届增加约 5 000 平方米；展会期间，总观展人次约 26 万次，其中主展馆近 20 万人次。值得一提的是，50 余家大陆展商组成"大陆文创市集"和来自

《城市画报》组织的青年创意市集,让许多观众流连忘返。台湾艺术大学以其卓越的艺术教学水平吸引了众多人士前来洽谈产学合作、代理开发以及就学和培训合作等,而福州大学工艺美术学院的专业策展则吸引了众多参会青年。

本届文博会参展企业1 583家,比上届增加116家;签约项目140个,总额387.7亿元,项目整体质量较往届提升。其中合同项目56个,总额达179.7亿元;现场总交易额7.77亿元,包括现场交易额3.26亿元、现场订单签约额4.51亿。尤其是台湾工艺发展协会、台湾工艺研究发展中心两个"工艺之家"的作品分别在开展的第一天和第二天就被采购一空;韩国、荷兰、印度、埃及、吉尔吉斯斯坦、乌兹别克斯坦等8个国家带来的2014世界工艺文化节,充满异国风情的展品吸引大量市民选购,许多展位的产品在第二天即告售罄。因效益显著,部分展商已预约下届展位,台湾部分包括台湾工艺研究发展中心、台湾艺术大学、台湾电影馆、台湾艺术博物馆和香华天超跑等重要展商表示下届继续参展并扩大展位面积。

高 端

以"艺术·对话世界——中国艺术品世界国际化"为主题的艺术投资论坛邀请到包括王刚等多位重量级演讲嘉宾和资深艺术品鉴藏家探讨国内艺术品市场国际化、中国文化保税贸易之路等话题,令满场专业听众受益良多。"两岸文博大讲堂"特邀了台湾画坛第一人欧豪年大师来到现场,展示了欧老10幅画作,不少来自省内外的书画爱好者慕名而来。文创专场则迎来了许耿修和曾国源两位资深文创人士,原定20人的会场,到场人数近百。第五届M.T.青年电影季"2014厦门实验影像论坛"以重构系列为主题,邀请两岸实验影像教父级人物来共同探讨实验电影和纪录片的拍摄,活动现场汇聚了众多两岸优秀的剧作家、影评家和新锐导演,共同探讨两岸电影发展的新趋势。另外,世界顶级度假酒店安缦酒店文化装饰设计师许笑的专场,也广受欢迎,不少酒店业者现场纷纷邀请许笑到酒店指导,并达成许多后期合作的初步意向。

权威

本届文博会全新推出的重头戏之一的两岸共同组织的第二届"中华工艺精品奖"评奖,吸引了来自北京、浙江、河南、广东、江西、福建省内外等10多个省市及台湾地区的近千件作品参评,入围作品近500件。经过两岸评委为期两天的认真评选,评出了金奖作品23件,最佳技艺、最佳传承、最佳创新奖作品34件,银奖作品44件、铜奖作品47件。精品奖作品展示期间,每日都有近千名藏家询问采购事宜,还吸引了大量观众纷纷观赏、品味、拍照。目前,"中华工艺精品奖"已成为两岸共同打造的工艺艺术最高奖。

新颖

本届文博会有许多新颖独特之处,如,首创两岸文创商业对接会,这是海峡两岸文旅文创品牌与两岸商业地产的大型对接活动,会上不少文创文旅品牌如台湾知名的艺拓国际等已获得多个文创商业地产商提出的具体投资意向。展会上"台湾电影馆"首次在大陆全片放映台湾十余部金穗奖获奖影片,场场爆满;首次举办两岸大学生文创论坛,邀请著名曲艺家刘兰芳和两岸的文创专家、高校师生参加,他们围绕两岸大学生文化创意设计实践合作等进行了沟通交流;首次以台湾20县市为主题街区形式布展"台湾文创购物节",观众络绎不绝;首次在文博会上亮相的雅昌—保利新势力百幅作品也吸引了不少新客商;另外,由雅昌艺术网主办的"魅力厦门·艺术鹭岛"——雅昌艺术周,为广大市民奉献了新锐艺术盛宴。

丰富

文博会期间,除了大型活动和精选论坛,各类文化艺术节、作品展、评奖大赛和签约仪式也为文博会增光添彩。2014年度福建省最具创意文化产品评选活动、"第二届两岸原创音乐节"、"影像述说两岸情"摄影展、世界百瑞斯塔(咖啡师)大赛厦门站选拔赛、"美丽厦门·中国梦"2014海峡两岸现代科技音乐节以及IMART创意市集和MINI后备厢创意空间改造、世界百瑞斯塔(咖啡师)大赛厦门站选拔赛等各项活动,从不同方面丰富了文博会的内容,为广大市民打造了丰盛的文化大餐。另外,由于本届文博会各类配套服务讲究务实、安全和便捷,得到了参加展会的各方称赞,众多客商反映本届文博会展会各项服务措施更加国际化、专业化。

知名

本届文博会吸引了海峡两岸媒体的广泛关注,专业媒体及新媒体的联合宣传取得了显著成效。展会期间,中央电视台、新华社等传统媒体,腾讯、新浪、网易等全国主流新媒体约70家、超500名记者参与报道,其中不乏《台湾联合报》、《台湾联合报》、《香港文汇报》等港台媒体和《澳大利亚华侨日报》等境外媒体。文博会官方网站浏览量同比大幅上升,官方微信关注数上涨100%以上。

据不完全统计,大会期间各类媒体报道量超过 500 篇,海峡两岸新闻媒体的广泛关注与积极报道,使得本届文博会宣传影响在最短、最快的时间内迅速升温,成为国内外各界关注的热点,对扩大拓展文博会影响发挥了重大作用。

2014 年 11 月

蓝皮书

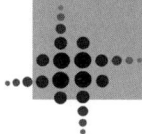

动漫爱好者盛会
招商引资的载体

——第七届厦门国际动漫节综述

◎ 厦门国际动漫节组委会

作为专业人士交流的平台、动漫爱好者的年度盛会,第七届厦门国际动漫节规模和水平均达到了新的高度。厦门国际动漫节已成为反映厦门动漫游戏产业发展现状的橱窗,更是厦门动漫游戏产业快速发展的助推器。

自 2008 年厦门国际动漫节举办首届以来,已成功举办了六届,知名度和影响力逐年提升,逐步获得业界的认可。8 月 15 日至 19 日,2014 年第七届厦门国际动漫节在厦门国际会展中心 M、R、Q 厅举办。本届动漫节在总结往届成功经验的基础上,以“中国风·最厦萌”为主题,充分挖掘新亮点,不断丰富活动内容,办出新特色,力求打造成国内权威的动画作品大赛,办成“专业人士交流的平台、动漫爱好者的年度盛会、招商引资的载体”。

一、规模和水平均达到新的高度

动漫节从软件园起步,之后到文化艺术中心,如今移师国际会展中心三期,举办时间由往年的 10 月改为 8 月,由往届的 4 天首次延长至 5 天,规模一届超过一届。活动内容在往届组织的“金海豚"动画作品大奖赛及"金海豚"奖颁奖仪式、动漫游戏与技术展示会、电子竞技总决赛、Cosplay 表演比赛、动画讲坛、动画放映周、职工技能大赛（海峡两岸数码手绘作品大赛）等 8 项活动的基础上，新增"金海豚"新媒体奖、"金海豚"游戏开发大赛、"金海豚"动画创作夏（冬）令营、"美丽厦门"中小学生绘画大赛等 4 项活动。

本届动漫游戏与技术展示会规模较 2013 年扩大一倍，展览面积达 2.6 万平方米，包括动漫企业主题展区、游戏企业主题展区、境外展区、电子竞技区、动漫周边产品展区等，为历届之最。展示会吸引了来自日本、新加坡、台湾、香港、澳门、福州、广州、大连、上海、北京、杭州、深圳等境内外 140 家知名动漫、游戏企业参展，展位达 634 个，创历史新高。其中，30 家境外动漫游戏企业预订展位达 125 个，是 2013 年境外企业的两倍多。

本届"金海豚"动画作品大奖赛有三个特点：一是分布广。共收到来自美国、加拿大、韩国、法国、巴西、西班牙、英国、德国、波兰、俄罗斯、伊朗等 43 个国家和地区的参赛作品。二是数量多。参赛作品达 3 199 部，总数较上届增加 323 部、增长 11.23％。三是品质高。大赛吸引了更多的境内外知名动漫企业选送作品参赛。总的来看，参赛作品无论在质量和立意、内涵等方面，都较 2013 年有很大提高。

本届动画讲坛群英荟萃，规模创历届之最。讲坛以"新媒体时代的动漫游戏产业发展"为主题，邀请了日本著名漫画出版社"双叶社"原编辑长栗原一二、《美国队长 2》《钢铁侠》的特技制片人 Michael Codeway、动画电影《阿童木》制片人 Ken Tsumura、台湾漫画从业协会理事长钟孟舜、创新工场战略发展副总裁王世忠、爱奇艺公司运营副总裁耿晓华、腾讯动漫频道主编等动漫行业专家进行主题演讲和头脑风暴。高端的参会让本届动画论坛成为世界范围内首屈一指的论坛性质国际动漫节。

二、广大漫迷们的盛大节日

可爱有趣的卡通动漫形象,琳琅满目的动漫产品,逼真炫目的COSER……,吸引了广大漫迷爱好者。在本届动漫节上,Cosplay比赛、动漫游戏声优比赛、动漫歌曲翻唱赛等精彩赛事接连不断,现场气氛非常火爆。钢铁侠、蜘蛛侠、绿巨人、雷神索尔、美国队长等经典好莱坞超级英雄震撼来袭,为广大漫迷爱好者展现经典、震撼的超级英雄魅力;闽南语明星大咖陈百潭还在现场举办"闽台好声音",为厦门漫迷带来好听的闽南语歌曲;上海逸思商贸则以全新主题"超级英雄秘密基地"和更强大的阵容加盟本届动漫节,令漫迷们拓宽思路。本届动漫节邀请嘉宾阵容强大,当红动漫大师包括中国 CG 插画界领军人物黑色禁药,曾与 30 多个国内外 500 强企业有过合作;国内商业漫画身价最高的作者之一白松,台湾知名漫画家钟孟舜,独立插画师、自由漫画家 pp 殿下等云集现场,与漫画爱好者和粉丝热情互动。

动漫节的意义在于提高全民参与度,让动漫更深入人心。和往届相比,本届动漫节互动活动明显增多,影响力和知名度进一步扩大。本届动漫节首次启动了动画创作体验冬夏令营,培养青少年的创作能力及动漫爱好。动漫游戏与技术展示会现场设置了 91 手游试玩区,让爱好手游的玩家现场亲临体验。此外,还推出以"海·家园"为主题的首届海峡两岸数码手绘大赛,征集到许多来自大陆地区和台湾地区的优秀参赛作品。并且面向厦门全市中小学在校学生的联合优创杯"美丽厦门"中小学生动漫绘画大赛,征集到 300 多部中小学生原创手绘和数码绘画作品,评选以网上投票和动漫节现场观众投票的方式进行,参展观众进行现场投票,选出最喜欢的数码大作和最优秀的中小学生"美丽厦门"绘画作品。

三、厦门动漫产业快速发展的重要助推器

举办动漫节的一个重要目的，就是为推动厦门动漫产业快速发展，特别是着力推动新媒体动漫游戏产业专业化、特色化、规模化、国际化发展，为产业发展营造良好的氛围。同时，动漫节也是展示厦门动漫游戏产业发展状况的一个重要窗口，见证了厦门动漫游戏产业的发展历程。

动漫节积极主动地整合了各大资源，为厦门业界寻找合作商机，了解市场动向，提供无缝对接，搭建交流合作平台。本届动漫节新增了游戏开发大赛，目的就是帮助动漫游戏企业发现创作人才。对接会上，包括深圳新胜技、恒大动漫、北京烽火天元、福建中科亚创、厦门大拇哥等多家公司机构，以及东南卫视、福建少儿频道、北京卡酷少儿卫视、山西广播电视台少儿频道、河南卫视少儿频道等媒体购片方，采取开放式推介与一对一相结合的对接形式，共同探讨动漫游戏产业的上下游资源整合与跨地区，促进行业交流；"步步为赢"91手游网掘金者沙龙，通过邀请厦门及周边手游厂商、百度91游戏发行、百度游戏独家代理商等几十家专业领域企业，寻找最佳合作伙伴，合作共赢。

通过动漫节搭建的平台，越来越多的动漫企业选择落户厦门，以向更深远的市场迈进。2008年，全市通过动漫企业认定的企业为59家，2013年已达144家，目前已超过200家，从业人员逾万人，其中年产值千万元级别的达27家，超亿元的有6家，有2家还超过10亿元。中国移动手机动漫基地、中国电信动漫运营中心、中国联通动漫运营中心、中国动漫集团等"巨头"相继落户厦门软件园二期，为厦门动漫游戏业日后的发展提供了更强大的动力。还有，国内顶尖的3D动画制作公司——上海河马动画设计股份

有限公司正式落户厦门,将弥补厦门原创 3D 影视动画制作上的空白,为厦门动漫业的发展注入新的活力。

随着动漫节平台的不断扩大,其对产业的引擎助推作用也愈见明显。2008 年,全市动漫游戏产值仅 5.2 亿元;2013 年达 50.3 亿元,是 2008 年的 9.67 倍;2014 年上半年,全市动漫游戏产业产值突破 32 亿元,比 2013 年同期增长了 35%,2014 年预计产值将突破 80 亿。目前,四三九九、吉比特、趣游、光环、翔通、青鸟动画、风云动画、大拇哥等厦门本土动漫游戏企业作品创作日趋成熟。动画企业每年都新创一批在央视和全国播出的优秀动画片,游戏企业陆续推出了市场经济效益好的网络游戏产品和手机游戏产品。厦门动漫产业的独特优势在逐渐形成。

2008 年 12 月,国家广电总局批准厦门软件园为"国家动画产业基地";2012 年,厦门软件园又荣获"福建省创意产业重点园区(基地)"称号。由厦门市信息化局主办的 2014 厦门市动漫游戏产业发展报告也在本届动漫节进行现场发布。厦门已被业界公认为国内动漫产业最具发展潜力的区域中心之一。动漫节的成功举办,无疑将有利于加快厦门动漫游戏产业的发展,对于厦门创建中国软件名城、信息消费示范城市具有重要意义。

执笔:康雨琛

2014 年 9 月

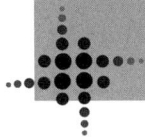

书香两岸　情系中华

——第十届海峡两岸图书交易会总结报告

◎ 海峡两岸图书交易会组委会

经国家新闻出版广电总局批准,第十届海峡两岸图书交易会(以下简称"图交会")于 2014 年 10 月 16 日至 23 日在台湾举办。本届图交会贯彻中央对台工作方针,以"书香两岸·情系中华"为主题,以图书为载体、文化为纽带,以深化两岸出版界交流与合作,密切两岸出版界联系,推动两岸出版产业发展,增强中华文化凝聚力为宗旨,在各级领导的高度重视和大力支持下,经过两岸出版业界的共同努力,取得圆满成功。

一、基本情况及主要成效

第十届海峡两岸图书交易会由厦门市人民政府、福建省新闻出版广电局、中国出版协会、台湾图书出版事业协会、台湾图书发行协进会、台北市出版商业同业公会共同主办,浙江省新闻出版广电局、厦门市文化广电新闻出版局、海峡出版发行集团有限责任公司、厦门外图集团有限公司、北京书友之家文化交流有限公司、台湾图书出版事业协会联合承办,执行机构为厦门外图集团有限公司、台湾图书出版事业协会。

本届图交会展场总面积 14 000 平方米,比 2012 年在台湾举办的第八届图交会总面积 11 500 平方米扩大了约 20%，展会规模扩大。其中，台北世贸中心展演一馆主会场面积 8 000 平方米，台中市、台南市分会场面积各 1 500 平方米，高雄市分会场面积 2 000平方米，屏东县分会场面积 1 000 平方米。台北主会场设立展位数 390 个。

大陆参访团由国家新闻出版广电总局党组成员宋明昌担任参访团总团长，赴台参展参会人员 246 人，参展的出版及相关单位 202 家，覆盖 17 个省市自治区，参展图书近 10 万种 31 万册，约 1 700万人民币。台湾出版物参展机构 100 余家。展会期间，举办了两岸出版高峰论坛、两岸出版产业项目推介、两岸出版合作项目签约、新书发布会、两岸作家签售讲座、文化展演等各类活动 37 项，在图书贸易、版权交易、内容采编、出版印刷技术、出版营销、数字出版等多领域、多环节进行了深入交流研讨，促进两岸出版业紧密合作，寻找拓展世界华文图书市场的商机。

本届图交会交易成果丰硕，现场零售和征订图书及版权贸易量均为在台湾举办的历届图交会之最。现场零售和征订图书总码洋合计 2 653 万人民币（其中大陆图书征订 1 400 万元，台湾图书征订 950 万元，两岸图书现场零售和馆采 303 万元），达成图书版权贸易 286 项（其中大陆图书向台湾输出版权 101 项，大陆引进台湾图书版权 185 项），签订两岸出版合作项目 15 项。

本届图交会与在台湾举办的前四届相比，配套活动更加丰富新颖，内容更加务实，充分展示两岸华文出版的新成果，是一次规格高、规模大、内容丰富的两岸出版交流活动。这次图书交易会在深化两岸出版交流合作和推动两岸关系和平发展进程中发挥了独特作用，综合效益良好。

蓝皮书

二、主要做法

（一）新闻出版广电总局、国台办等各级领导高度重视，组织保障坚强有力

中宣部、国家新闻出版广电总局、国台办和福建省委省政府、厦门市委市政府都将本届图交会作为今年两岸交流工作的重要项目，给予高度重视和精心指导。国家新闻出版广电总局对项目审批、方案确定和办展经费扶持等给予指导帮助，下发了《关于同意在台北市举办第十届海峡两岸图书交易会的批复》文件。全国人大常委会委员、教科文卫委员会主任委员、中国出版协会理事长柳斌杰关心图交会工作，为《第十届海峡两岸图书交易会会刊》作了题为"两岸携手合作开创全球华文出版新时代"的致辞。在筹备期间，吴尚之副局长、原副局长邬书林多次听取筹备工作汇报，研究思路，确定方案，指导办展方向和目标，对办好本届图交会作出明确指示，提出具体要求。总局党组成员宋明昌亲自率团赴台，对开好参展行前教育会进行指导。国台办交流局、新闻局领导多次听取工作汇报，研究指导办展思路和方案，对赴台团组审批组织工作给予支持，交流局副局长李京文参加行前会工作部署并赴台指导。总局进口管理司张福海司长、王华副巡视员研究审定相关方案，组织各项筹备任务的有序推进。中国出版协会刘建国常务副理事长、李宝中副理事长指导协调招商招展、活动组织等工作的全面落实。福建省委、省政府高度重视图交会组织工作，副省长李红多次听取图交会工作汇报，对筹备工作提出严格要求，指示有关部门全力支持图交会工作。为办好本届图交会，厦门市委常委、宣传部部长叶重耕和副市长国桂荣等领导多次带队前往国台办、新闻出版广电总局和省委省政府、省委宣传部请示汇报工作，组织相关部门

研究执行细案,跟进指导,叶重耕部长更是全程参加图交会的主要活动。福建省新闻出版广电局陈必滔局长、李闽榕书记对筹备各阶段各环节工作全程指导,组织研究解决筹办工作中遇到的实际问题和困难,统筹安排展会赴台执行的各项预案。浙江省委省政府和省新闻出版广电局十分重视主宾省活动的策划和组织工作,提早部署筹备工作。

(二)宣传推介积极主动,招商招展扎实有效

7月9日,总局专门召开第十届图交会招展工作会议,吴尚之副局长对出版单位参展工作进行动员部署。会后,中国出版协会、福建省新闻出版广电局、浙江省新闻出版广电局、厦门市文化广电新闻出版局等组委会成员单位克服时间紧、任务重的困难,先后在北京、贵阳、台北等地召开新闻发布会和招展说明会,与两岸出版单位广泛接触沟通,利用业界广告、网络宣传、寄发招展手册等形式,形成立体推介效果。招展工作完成后,组委会办公室按照总局要求,对本届图交会的参展图书的品质、品种、数量进行严格把关并提出指导意见,针对台湾民众、出版单位、科研院所、馆藏机构等四类受众,重点组织近两年出版的适合阅读、研究、收藏的新书、精品书和畅销书,组织体现文化软实力的系列专题图书赴台参展以确保参展工作扎实有效地进行。

(三)沟通协调紧密有序,岗位职责分工明确

第十届海峡两岸图书交易会是在对台工作新情况、新形势下,新闻出版业组织开展的一项极为重要的对台文化交流活动,活动多、标准高、要求严。两岸主(承)办单位就办展主题、时间、地点、内容、规模、图书供货、日程安排等方面沟通协商,逐项细致地研究可能发生的情况和处置预案,在一些事关原则性、全局性的问题上坚持原则、充分阐释、达成共识。作为具体执行单位,厦门外图集

团成立了 18 个工作小组,拟订了招商招展、图书展销、敏感问题处理等 20 多份工作方案,建立健全了重大问题请示报告、各工作小组周报等工作制度。对涉及展会中的各项工作和活动,明确人员分工、目标任务、运作方式、标准要求和完成时限等,与参展单位全程沟通联系,提供周到细致的服务,保证了各项工作有条不紊地进行。开幕前夕,组委会办公室专门派出先遣组,对场馆布置、参展图书审查等工作逐一落实。

参访团在台期间,组委会严格落实新闻出版广电总局和国台办的行前部署,每天检查、汇总情况,及时掌握全团人员的活动时间、地点和效果,确保了展会的政治安全、人身安全和活动安全。

(四)务实办会办展,严格落实中央八项规定

一是严格把关赴台人数和团组人员构成。图交会在台湾举办的以往四届,赴台人数分别为 303、443、569 和 472 人,本届图交会按照总局、国台办的指导要求,从严控制团组规模,实际赴台人数为 246 人。除 2014 年的主宾省浙江、下届的主宾省山东等,无明确参展组织任务的主管部门人员一律不审批赴台;对赴台参展的出版社坚持"一社一至两人"、看样订货的图书馆"一馆一人"的原则从严审批,赴台参访天数也从以前的 10 天压缩为 8 天。二是严格控制接待和赠礼开支。在台期间,除返程前举办一场大陆参访团答谢台湾业界同行的小型晚宴外,不分别举办对台湾出版业界公(协)会的宴请活动;向台湾业界公(协)会和重要嘉宾只赠送大陆图书、画册作为回赠品,没有赠送其他贵重礼品。三是不举办十周年庆典活动。本届图交会适逢举办十周年,没有举办晚宴、晚会、颁奖等形式的庆典活动,组委会办公室仅整理制作了反映历届图交会珍贵片段的电子档影像资料和十周年成果图片在现场展示,供两岸业界参展人士和读者参观了解图交会发展历程。

三、主要特点

(一)两岸业界参展踊跃,图书品种丰富多样

一是参展单位代表性强。大陆参展单位共 202 家,从参展单位的构成看,既有出版集团,如中国出版集团、中国国际出版传媒集团、中国教育出版传媒集团、浙江出版联合集团、海峡出版发行集团等 13 家出版发行集团及首都出版发行联盟等,又有独立出版社,如社会科学文献出版社等文化强社,北京大学、清华大学等大学强社,还有具有行业特色的出版社;既有出版发行单位,又有版权代理公司等产业服务机构;既有国有出版单位,也有如东方宝笈文化传播公司、北京震旦映画文化公司、杭州乾嘉等图书策划公司,使两岸出版交流范围更加多元。

台湾参展机构包括排名靠前的城邦文化、博扬文化、喜乐亚、华品文创、龙图腾、时报文化、五南出版、世界书局、读书出版、联经出版、全华图书等,也有华艺数位、兰台网络出版、信诺科技、汉珍数字图书等数字出版企业积极参展,代表了台湾传统出版与数字出版业的整体面貌。

二是参展图书品种全。从展出品种看,大陆展销图书 80% 以上为近两年的新书,涉及社科、文学、学术、生活、收藏、少儿等众多领域在已有良好表现的品种,如品牌图书"大家小书"系列图书等,同时还展出一批大陆的历史古籍珍品,如国家图书馆出版社的《中华再造善本》最新品种图书,福建人民出版社的《闽南涉台族谱汇编》全 100 册,厦门大学出版社 2014 年 9 月出版的《台海文献会刊》等出版项目库重点图书。习总书记《摆脱贫困》一书在台北展出备受瞩目。

三是展馆规划布置独到。展览范围涵盖全岛。本届图交会除在台北世贸中心展馆设立面积达 8 000 平方米的主会场外，同时又在台中、台南、高雄、屏东设立分会场，为各地民众参观购大书提供了便利，活动影响进一步扩大。展览场所形式多样。除专业展馆外，高雄分会场将大陆图书引入到当地人气最旺的梦时代广场 Mall；台中市、屏东县分会场设在当地图书文化广场，方便青少年学生参观购书；台南市分会场设在中华日报总部大楼，是当地文化活动中心和地标性建筑。展馆布置富有中华传统文化底蕴，如浙江馆、北京馆设计独特，给观众留下深刻印象。美丽厦门图片展在高雄展览，反应热烈。

（二）活动内容精彩纷呈，项目对接富有成效

本届图交会共设置主题活动和配套活动 37 项。有大陆资深漫画家姚非拉与台湾华语乐坛金牌作词人、导演方文山灵感碰撞与创作交流会；有台湾知名诗人与大陆诗人论诗歌精神交流会；有多家出版社的合作出版签约仪式；有专题讲座，还有 10 多场现场文化展演以及图片展，台湾出版发行单位积极参与，气氛友好热烈。除在展馆举办活动外，还走出展馆举办两岸图书资源建设座谈会、两岸绘本创作与教学论坛、图书展销等，提升了活动影响力。

宋明昌总团长率队，先后来到台湾汉学研究中心、台湾大学图书馆、龙图腾文化公司、诚品书店、台北松山文创园区、高雄丽文文化事业机构、乔羽彩色印刷股份有限公司等台湾出版相关单位参访交流，考察指导高雄市、台中市等分会场，与台湾图书出版事业协会、台湾图书发行协进会、台北市出版商业同业公会、台湾中华出版商业同业公会联合会、台湾区印刷暨机器材料工业同业公会等多家业界组织交流座谈，并向台湾汉学研究中心、台湾大学图书馆、南投县图书馆、中南部地区的乡村图书馆赠送简体字图书，进一步深化与台湾各界的情感沟通。在南投县图书馆赠书调研时，

宋团长详细了解该县全民阅读推广做法,对由县政府拨出专门资金,为每个新生儿家庭免费提供幼教套书书篮,在全县 102 个乡村建立图书阅览室并实现图书全县范围内流通的做法表示赞赏,他指示总局随同人员应促进两岸推广全民阅读的做法相互学习借鉴。

两岸出版高峰论坛以"交流 合作 发展 繁荣"为主题,两岸的 6 位演讲、致辞嘉宾和 100 多位出版界人士与会,就两岸出版产业的合作模式创新、新媒体时代传统出版的挑战与机遇等议题,探索推动两岸出版业携手合作,提升华文出版竞争力的新思路和新模式。开幕式上还举办了第一届"龙少年文学奖"颁奖典礼,宋明昌总团长向获奖的 10 名台湾小朋友颁奖,该活动面向台湾多县市和厦门中学生以"我的梦想"为题,征集 400 多篇作品,今后每年将组织两岸更多中学生参与,为两岸青少年提供阅读交流平台。

本届图交会组织了两岸最新出版的 1 000 余种图书进行版权洽谈,两岸出版单位共达成 286 种图书的版权贸易签约,还现场签署了出版合作项目 15 项。大陆作家毕淑敏就《愿你与这个世界温暖相拥》与台湾大都会文化事业有限公司举办了授权签约;北京版权代理公司与台湾出版商业同业公会联会合作意向书签约、与台湾原乡文化学会签署《台湾 50 位作家经典作品选》版权引进协议等;万世股份公司与厦门外图集团举行故宫博物院馆 62 册《永乐大典》馆配授权签字仪式。很多出版社表示,在台湾举办图交会,使得大陆出版单位有机会与台湾读者直接接触,了解受众的阅读兴趣,更具针对性加强对台出版合作,通过多层次、宽领域的交流,还拓宽了合作视野,明确了对接目标,寻求了共同弘扬中华文化的着力点。

(三)利用图交会平台,宣传推动两岸服贸合作

在台北主会场,设立了上百种相关服务贸易的图书专题展区,

各分会场均设立了服务贸易相关图书的专柜,传播加强两岸服务贸易合作的正能量。通过与台湾主办单位共同努力,争取了中国国民党副主席洪秀柱在开幕式上公开呼吁台湾出版界力挺服贸尽快通过,让台湾业界受益。两岸出版高峰论坛上,厦门大龙树文化传媒公司总经理张叔言以两岸出版合作为主题,阐述了两岸服贸协议签署在两岸出版交流中的重要意义,尽可能地消除疑虑、促进团结。通过在台期间组织举办一系列专题活动,把本届图交会办成支持两岸服务贸易协议尽快通过和实施的重要活动。

(四)浙江主宾省活动内涵丰富

本届图交会浙江主宾馆以"建设书香浙江,推进精神富有"为主题,设立 64 个展位,面积 792 平方米。省内图书出版社、电子音像出版单位、民营书业等参展单位 24 家,参展品种 2 378 个。精品出版物展区展示 2014 年重点推荐和反映浙台两地文化同源、出版同根的图书。读者互动区举行名家签名售书、新书首发式以及作家讲座。此外,还为台湾读者带来了精彩的文艺活动,国家级非物质文化遗产传承人演示东阳木雕工艺技法和海宁硖石灯彩制作工艺,浙江小百花越剧团精彩表演吸引了众多观众驻足欣赏。

(五)入台宣传力度大,舆论反响良好

为塑造和宣传图交会的品牌形象,主办方积极邀请台湾地区中视、中国广播公司、中央社、中国时报、旺报、联合报、中时晚报等现场采访报道,通过台北市公交车、车载电视 Bee TV、捷运报、车厢海报等载体发布广告,向台湾图书馆、学校、读书俱乐部发放 EDM 宣传品。两岸主(承)办单位联合举办展前新闻发布会。中央电视台、中新社、中央人民广播电台、中国新闻出版报,东南卫视、海峡卫视、厦门卫视、福建日报、浙江日报、厦门日报、海峡导报、钱江晚报、京华时报等媒体采访报道,形成了两岸媒体立体聚

焦图交会,关注两岸文化交流的良好舆论氛围。

四、几点体会

(一)台湾业界期待加强两岸出版交流合作的愿望强烈

中国国民党副主席洪秀柱参加开幕式并发表致辞,表示在两岸合作过程中,台湾出版界不会吃亏,两岸图书交易不只是商机无限,更有文化交流的深刻意义,期盼图书出版业能够共创华文出版市场双赢的机会。她在会见活动上表示两岸出版界应进一步加强交流合作,呼吁台湾出版界积极支持服务贸易框架协议。中国国民党荣誉副主席蒋孝严先生在观摩现场名家书画展时表示,"两岸的交流,在经济方面可以手牵手,越牵越紧;文化则可以让两岸民众心连心,所以除了手牵手,更要心连心。"台湾图书发行协进会理事长罗爱萍、台湾中华出版商业同业公会全联会理事长杨克齐、高雄市图书出版事业协会理事长苏清足等在参访会见时都谈及期盼祖国和平统一和加强两岸文化交流的良好愿望。台湾出版机构的部分代表,在高峰论坛等场合表达了期待进一步扩大两岸出版合作领域,降低台湾印刷业进入大陆门槛,扩大试点省、市范围的愿望,呼吁开辟更加便捷进入大陆图书市场的通道。

(二)台湾出版业界普遍认可图交会的重要交流平台作用

前 10 届图交会成果丰硕,很多业界人士对海峡两岸图书交易会举办十周年表达了由衷的感触。经历过第一届图交会的台湾图书出版事业协会理事王承惠用"珍贵"二字总结这 10 年创办图书交易会的艰辛和意义,他说,这 10 届图交会 760 万册参展图书,联通着两岸情。台湾图书出版事业协会理事长陈本源在致辞中说,图交会进入第 10 个年头,其意义已不仅在于图书交易,更是两岸扩大交流、增进友谊的平台。本届图交会台湾主要的 9 家出版行业公(协)会负责人齐聚一堂,这在台湾出版界其他场合难得一见,甚至是不可能的,充分表明了海峡两岸图书交易会的魅力和吸引力。

(三)大陆反映中华文化的图书深受台湾读者欢迎

通过近几年的合作交流,现在台湾读者阅读简体字图书障碍不大,一些书店设有简体字书柜或店中店,台湾读者对历史、文化的关注让参展人员印象深刻。比如开展第一天,台北市一名中学教师专门到展馆寻找台湾几乎难得出版的甲骨文方面的图书,拟向学生讲解中华文字的发源。在展会现场很多台湾读者关注中国历史、传统文化以及中医、养生题材的图书。赴台参展的《中华民国史》全套 100 册,定价 28 万元人民币,在高雄分会场被现场订购。80 多岁的张姓台北居民一直在展馆内浏览大陆图书,直到闭馆前才依依不舍地离开,他还特地前来向大陆工作人员说:"我是江苏人,喜欢看到祖国的书,希望你们常来"。

五、存在的问题

本届图交会新增项目多,与在台举办的前四届图交会相比,在组织工作、展务协调、活动组织、接待等方面都有了很大进步,但还存在一些问题。一是个别配套活动的组织准备工作还不够充分。存在少数活动衔接不够缜密的问题,如高峰论坛活动,少数嘉宾没有准备电子演示文档,演讲形式不活泼。二是市场化运作程度有待提高。本届图交会在台湾举办,需要两岸主承办单位配合进行,加上展会的专业性强,随着物价成本上涨,办展开支逐年加大,承办单位市场化运作难度加大。

六、几点建议

海峡两岸图书交易会于 2005 年创办,是唯一由海峡两岸出版业界共同主办的出版交流专业展会。第十届海峡两岸图书交易会的成功举办,再次充分表明了图交会具有较强的凝聚力和影响力,为巩固和深化图交会的成果,提出以下建议:

(一)进一步加大政府推动和扶持的力度

海峡两岸图书交易会已经成为两岸出版交流的重要品牌和文化入岛的重要项目。鉴于两岸图书交流合作项目所具有的政治性、公益性的特点,建议适当加大办展经费的支持力度,使之能持续发展并不断深化。

(二)进一步加强对海峡两岸图书交易会筹办工作的指导

为了更好地发挥图交会的对台出版交流平台作用,届届相连,常办常新,组委会办公室将对明年乃至后面几届图交会举办模式进行思考论证,以推动大陆图书入台为重要目标,进一步提高图交会的综合效益和对台影响力,恳请市政府和市委宣传部给予大力支持和具体指导。

执笔:汪凯

2014 年 11 月

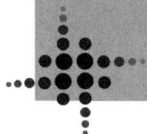

中华文化传四海
美丽厦门扬天下
——2014 年中国书展暨美丽厦门摄影展报告

◎ 厦门外图集团有限公司

2014 年 8 月 10 日—18 日,厦门外图集团有限公司在美国旧金山、纽约和加拿大多伦多、温哥华四地成功举办了 4 场书展暨美丽厦门图片展活动,展览活动持续一个月。为总结办展经验,提高办展水平,更好地做对外宣传与新闻出版"走出去"工作,现将本次展览活动总结如下:

一、展览宗旨

此次四地联展是厦门外图集团有限公司结合厦门对外宣传工作,加快文化"走出去"步伐,扩大"走出去"业务,拓展欧、美市场的重要举措之一。通过展览商洽活动,宣传美丽厦门形象,展售中文图书,结交业界朋友,探讨业务合作,初步建立北美地区中心城市图书销售网点。

二、组团与行程

厦门外图集团有限公司组成书展工作组。行程紧凑,10 天出

蓝皮书

访,飞越太平洋用去 2 天,4 个城市的布展、开幕、商洽活动共用 8 天。每一城市第一天书展开幕,与读者及承办书店交流、洽谈。第二天到当地其他书店洽谈及几所大学图书馆拜访、参观,了解采购需求,全程未安排任何景点,可谓分秒必争,马不停蹄,体现了较高的工作效率。

三、书展暨图片展活动成效

一是展示美丽厦门形象。带去了 4 套共 88 幅全方位反映厦门经济与社会建设成就、文化繁荣、社会文明和谐、人民安居乐业的精美摄影作品。美丽厦门图片震撼了当地读者与民众,他们称赞厦门不愧是世界人居典范。4 个承办书展的书店都要求将图片留下,要长期悬挂在店堂及主要办公场所。纽约唐人街一位开了 50 多年药店原籍福州(祖籍厦门鼓浪屿)的华侨向纽约的承办单位纽约东方文化事业公司讨要了一幅鼓浪屿的大幅图片,说要挂在自家的客厅,让家人、同乡、来客共享,向他们展示厦门之美。

二是销售图书。此次活动共展出近 3 000 种、10 000 册、约 30 万元人民币图书。根据各店统计,开幕当天,销售最多的是温哥华三联书店,售出 6 000 多美元,最少的纽约东方文化事业公司也销出 3 000 多美元。旧金山展场东风书店将在第三天起请加州地区部分大学及公共图书馆到场现采。总的来说,各展出书店普遍反映展书品种选得好,产品新,销售明显比各店往常好很多。

三是了解了北美地区中文书业状况。经过与四地书商和读者的交流,了解到北美中文图书市场简、繁体书占比近年变化明显。台、港版书在下降,而大陆版简体书在随着留学生、新移民的快速增长而增长,尤其是多伦多反映更明显。从大陆各图书进出口公司情况看,有的公司在北美经营了 60 年,曾经垄断所有业务,但由于体制不活,员工不积极,服务被动,价格居高,已逐渐退出部分市场,尤其是书店市场,只保留在大学图书馆业务优势。此外,多个省图书进出口公司常年到北美办书展,但实际效果大多不理想。上海外文书店公司得到上海市政府大力支持,近年连年办展,而且政府出资以上海外文书店名义在多地书店租赁专架,销售沪版图书为主,兼售部分京版图书。书店普遍反映上海外文书店专柜销售效果很好,销售快速增长。北美近年经济不如以往,高校及公共馆采购经费略有下降,但学术研究用书经费仍能保障。

四是与四个承办展览活动的书店洽商了常态合作业务。这是本次展览活动的根本目的。我们办展是为了建立销售点,带动厦门外图集团有限公司以后形成北美销售网。通过与四地书店艰苦谈判,达成如下共识:每年举办一次四店联展活动,持续加强宣传,推动销售;厦门外图集团有限公司根据自身条件及政府支持力度,拟建立若干租赁专柜,选择全国百强出版社及特色出版社产品上架销售;厦门外图集团有限公司充分利用自身图书出口优势,作为重要供货商为四地提供供货服务;四地拟与厦门外图集团有限公司共同开发相关文化产品,如文房四宝、小型体育用品、福建茶叶等的新业务,扩大合作范围,创新合作内容;尝试利用厦门外图台湾书店台版书业务规模与进货折扣优势,台版图书转由厦门外图集团有限公司采购转发北美各店,做好两岸出版物捆绑供货工作。

四、经验与不足

此次书展活动圆满成功,总结起来有如下经验:

(一)市委宣传部的大力支持

为了办好此次活动,张萍副部长、黄鹤麟副部长、上官军副部长都多次指示,要精心策划,办出影响与效益。黄鹤麟副部长、戴志望副主任在行前专门与出访团组人员开会,研商北美市场开拓,提出"要走出去,关键是要走进去,要务求办成高效、出成果的展销活动"的任务要求。上官军副部长、沈萍处长专门开会协调市摄影家协会精选作品,指示外宣注意事项。

(二)厦门外图集团有限公司精心筹备,务实推进

本次活动是厦门外图集团有限公司 2013 年规划的扩大"走出去"重要一环。2014 年年初开始洽商、筹备,为办好系列展览形成了集团领导亲自抓,出口部经理具体负责,相关业务员具体落实的工作机制。在不影响正常出口业务的前提下如期圆满完成各项工作,取得了预期效果。

(三)北美四地的全力配合是书展成功的重要基础

四地合作书店都高度重视此次活动。他们提供了最好的条件,腾出最好的位置,配备最好的人员配合我们。四地多个媒体对活动进行了宣传和报道,其中不乏《明报》、《侨报》、《世界日报》、《星岛日报》等名报、大报。旧金山展览还安排当地电视台连续播出宣传广告片段两个月。

(四)书展与图片展复合式展出是相得益彰的做法

本次展出得到四地办展书店与读者民众的一致好评,他们认为其他省份单独办书展的形式太单调,我们的复合式展出内容更丰富、活泼。侨民对祖国感情很深,从纽约的那位华侨身上可以看出,他们热爱家乡,希望多了解家乡繁荣富强、人民生活幸福的情

况,图片展是最直观、形象的形式之一。他们建议这一方式在以后的展览中发扬光大。

本次活动存在的不足之处,主要是由于时间太赶,任务重,行程紧张,除了布展与开幕活动,还有业务洽谈、商务拜访等活动,全程几乎都是乘坐红眼航班,给客人以来去匆匆的感觉,沟通和洽谈欠充分,下次办展应增加行程天数。

五、下一步工作

一是做好总结分析。本次书展在当地持续一个月时间,图书销量较大,业务部门要认真统计、分析销售情况,掌握品种走向,为业务常态化合作提供参考数据。

二是将四地洽谈的合作内容,以正式协议文件形式,尽快签约落实,推动业务合作的规范化、常态化。

三是结合 2015 年美国纽约国际书展中国主宾国年活动,着手筹备 2015 年北美系列书展暨美丽厦门图片展,建立好租赁专柜,开始上架销售,争取国家新闻出版广电总局领导莅临书展现场指导、参观。

四是关注北美高校图书馆市场,解决公司目前服务北美图书馆的瓶颈,培养 USmarc 图书馆数据编目人员,建立专业的数据编目组,为后续拓展北美馆配业务创造条件。

五是邀请北美重要书商到厦门参访,了解厦门,感受厦门的建设成就,了解厦门外图的业务服务优势,建立长期稳定的合作关系。

六、建议

　　本次系列书展是成功的，宣传了厦门，也推动了厦门外图的文化"走出去"工作，建立了初步的合作关系，但要快速进驻北美，搭建较好的业务网络，形成厦门外图在台湾一样的市场优势，单凭我们自身的力量是不够的，只有得到市委宣传部和政府的有力支持，我们的"走出去"工作才能走得快，走得好，走出品牌，走出效益。

执笔：申显杨

2014 年 9 月

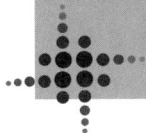

促进网络文化繁荣发展
助推美丽厦门共同缔造

——第三届厦门网络文化节综述

◎ 中共厦门市委宣传部网络处

第三届厦门网络文化节于 8 月 17 日在厦门文化艺术中心美术馆圆满落下帷幕。福建省委宣传部副部长、省委网络办主任卢承圣,市委常委、宣传部长叶重耕,市委宣传部副部长、市委网络办主任上官军等主办、协办和承办单位领导出席闭幕式,并参观了同时举办的"第三届厦门网络文化节成果展"。

省委常委、宣传部长李书磊曾做出重要批示,充分肯定了厦门网络文化节。受李书磊部长委托,卢承圣副部长在致辞中向第三届厦门网络文化节的成功举办表示祝贺。他指出,厦门网络文化节一届比一届好,一届比一届办得红火,是发展和繁荣网络文化的一项成功而有益的尝试,希望厦门为全省推进网络文化建设提供有益的参考。

第三届厦门网络文化节由市委宣传部、市互联网信息室等部门主办,在前两届成功举办的基础上,周密部署、精心策划、着力创新,历时近 4 个月,厦门网、台海网络广播电视台、台海网、小鱼网、厦门房地产联合网、新浪厦门、凤凰厦门、腾讯大闽网、厦门电信、厦门移动、厦门联通等 11 家本地网站、驻厦网站和网络运营商具体承办,近百家网站积极参与。本届网络文化节以"美丽厦门 e 缔造"为主题,着力弘扬社会主义核心价值观,讲述"美丽厦门"建设中的好故事,整个文化节包含 15 项活动,共产生网络征文 200 多篇、摄影作品 5 200 多幅、微电影剧本 40 多部、视频 130 多个、参与网络公益募捐的网民 4 700 多人,以及手机短信、彩信 3 500 多条。在活动中,广大网民主动参与,积极创作,把"美丽厦门"建设中的身边人、身边事,通过征文、图片、微视频、微拍等方式展示出来。据不完全统计,网民提交的文化作品近万件,直接参与线上线下互动的网民数量更是突破 100 万,为历届最多。

本届网络文化节呈现出四个特点:一是推动了网络运营商和网站信息传播的个性化。各网站和网络运营商在"美丽厦门 e 缔造"这一主题框架下,从自身定位出发,举办了一系列凸显个性的活动。作为省重点新闻网站的厦门网,举办了"美丽厦门故事"网络征集大赛,征集作品 200 多篇;以为市民提供生活资讯为主的小鱼网,举办了以家庭为单位的游园式展会,活动前后持续 3 天,共有 7 000 组家庭参与,人流量突破 3 万人次;突出对台传播特色的台海网,举办了有台胞参与的发现最美街区活动;开设政务微博学院闽南分院的新浪厦门,举办了政务微博研讨会,全市网评员和政务微博管理人员共 120 余人参加了培训;致力于信息消费城市建设的中国电信,举办了"智慧家庭"体验活动,共征集作品 350 多幅,选取 70 名网民参加线下体验。二是突出了网络"微传播"的聚集效应。许多网站把微博、微信、微视频作为与网民互动的主要平台,吸引了大量的网民参加。新浪厦门和腾讯大闽网通过微支付的形式举行募集慈善捐款活动;台海网络广播电视台举办全市中小学生"微拍"大赛,全市 102 所中小学校参与,征集微拍作品近 1 200 件;台海网举行公益微电影大赛,征集微电影剧本 40 多部;厦门移动和厦门联通举行彩信原创征集,共有 3 500 多条。三是顺应了网络文化传播的"可视化"趋势。厦门网、厦门房地产联合网、凤凰网厦门分别以"美丽厦门·美丽梦想"、"美丽家园·宜居社区"和"闽台文化·美丽厦门"为主题举办了摄影大赛,共收到网民投稿的摄影作品 4 000 多幅,从宜居社区到美丽梦想,从厦门元素到闽台文化,这些各具特点的摄影作品在网络上呈现出一场精彩的视觉盛宴。四是促进网络公益活动的深入开展。本届网络文化节中,腾讯大闽网和新浪厦门各自依托总网较为成熟的公益平台,分别开展了"公益足球场"和"爱心图书馆"两项"微公益"活动。腾讯大闽网 3 600 多名网友为厦门同安竹坝小学募捐近两万元,帮助孩子们实现足球运动梦想;新浪厦门除了走进 3 所小学举办"公益读书会"外,还通过微支付平台为厦门思明曙光小学的轮椅男孩筹集了 1200 多元,满足了他的"六一"梦想。

第三届厦门网络文化节成果展于 8 月 16 日至 19 日在厦门文化艺术中心美术馆举行,展区面积 1 000 多平方米,包含活动成果展、警示教育展和互动体验展。网络文化节成果展,以文字、图片、视频等方式,展出各运营商各网站承办的 15 各项活动的成果,充分体现各项活动网上征集、网上评选、网上投票的特点,共展出近千幅图片,数十个视频;以"净化网络环境"为主题的警示教育展,精心挑选了公开发布的 30 个案例,分成打击网络造谣、打击淫秽色情、打击敲诈勒索以及打击低俗信息等部分,通过文字、图片、漫画和视频等方式展出;同时各运营商各网站还进行互动体验,展出 4G 时代互联网新技术新运用,现场与观众和网民进行互动,四天的展出时间,吸引了 4 万多市民和网民参观。该成果展还同时在厦门各网站主页进行展示。

第三届厦门网络文化节闭幕式暨成果展受到了各大媒体的高度关注,厦门日报、海西晨报作了专版报道,除厦门本地媒体外,当天还有新华社、中国日报、中央人民广播电台等十多家传统媒体和新华网、人民网等网络媒体到现场采访报道。同时,活动盛况还被人民网、新华网、光明网、凤凰网、中国日报网、中国文明网、中国台湾网、新浪、腾讯、网易、搜狐、21CN、闽南网、东南网、海峡都市报、三门峡新闻网等近百家媒体报道、转载。此次网络文化节的成功

蓝皮书

举办,不仅展示了厦门网络文化建设的丰硕成果,更是推广、扩大厦门网络文化的影响力和传播力的一次积极尝试,无疑有助于进一步推动厦门网络文化的繁荣发展。

执笔:符长泉　陈小鹉

2014 年 9 月

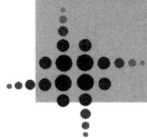

"与你一起实现梦想"

——2014 年首届海峡两岸大学生创意文化节活动总结

◎ 大学生创意文化节组委会

为活跃两岸高校文化生活，展示两岸大学生精神风貌，打造两岸文化创意品牌，厦门市大学生文化创意协会、台湾文化创意交流协会以"与你一起实现梦想"为主题，于 2014 年 10 月 26 日至 28 日举办了"2014 年首届海峡两岸大学生创意文化节"。首届两岸大学生创意文化节历时 3 天，全面展示了海峡两岸高校文化建设的新成果，在繁荣高校文艺创作、活跃大学生文化生活、提升学习幸福指数上取得了可喜成绩。现总结如下：

一、活动概况

作为国台办对台交流重点项目，第七届海峡两岸（厦门）文化产业博览交易会重要配套项目，"2014 年首届海峡两岸大学生创意文化节"由厦门市思明区人民政府、厦门市文学艺术界联合会、厦门市文化改革发展工作领导小组办公室、厦门市人民政府台湾事务办公室共同指导，厦门市大学生文化创意协会、台湾文化创意交流协会联合承办。

"2014 年首届海峡两岸大学生创意文化节"共策划了三大板

块内容,包括一项仪式、三大系列活动,即市级层面的启动仪式及"海峡两岸大学生文化创意论坛"、"海峡两岸新锐文创成果交流会"、"海峡两岸大学生海洋文化创意设计大赛"三大系列文化创意活动。活动内涵丰富,规格高、规模大、辐射广,得到了市、区领导和两岸文化创意从业人员和两岸高校师生的肯定。

二、主要做法和特点

本次文化节创意作品的作者全部来自于两岸高校在读的普通大学生群体,他们的作品主题鲜明、互动性强,创作题材(编排)新颖、艺术水平较高,体现了欢乐祥和的时代特色,展示了新形势下文创建设的发展成果。这些来源于生活的文化创作对于倡导科学、健康、文明的生活方式,传播先进的创意文化都具有重大意义。据统计,活动期间两岸各高校共组织创意设计大赛、文化讲座、读书签售会等各类文创活动 12 场次,吸引近万名教师学生参与其中,共同分享了两岸文化创意的发展成果,形成了"人人参与文创、人人创造文创、人人享有文创"的浓厚氛围,使本届两岸大学生创意文化节真正成了"两岸高校的盛会、大学生的节日"。

"2014 年首届海峡两岸大学生创意文化节"找准了大学生精神上的结合点,激活了两岸大学生追求文化品位的热情,大学生们参与热情空前高涨。为更好地满足两岸大学生的文创热情,提高海峡两岸大学生文化创意实践水平和能力,增进两岸高校之间的友谊和创意设计实践的交流合作,实现同步发展,为同学们提供了一个展示自我的平台,夯实了两岸大学生的职场技能,体现了文化创意与其他学科的联系和文化创意与生活的紧密结合,使同学们更深入的了解生活中的文创之美。

"2014年首届海峡两岸大学生创意文化节"顺利举办,进一步提升高校创意学科建设,展示当代大学生风貌,构建两岸新型文创舞台,进一步推进中华文化的传承和发展。活动以"增进两岸经贸、文化交流,弘扬闽台民俗文化,增进海峡两岸人民友谊"为宗旨,以"文化传承、活动创新"为目标,以"与你一起实现梦想"为主题,吸引社会各界更加关注"美丽厦门"。文创产业的快速发展展示了厦门市近年来美丽社会发展成就和广大教师学生共同缔造"美丽厦门"的美好心声,实现了活动天天有、文创各不同的新景象,带动了整体大学生文化活动蓬勃开展。向宝岛台湾、向海内外地区展示厦门良好的文化环境和城市面貌,为海峡两岸高校文化创意产业的合作发展创造交流平台,为繁荣文创、缔造"美丽厦门"的共同发展添砖加瓦。

三、各界反应

"2014年首届海峡两岸大学生创意文化节"一经发布,立刻激发两岸大学生学习文创的热情,在两岸各高校之中得到了积极响应。厦门大学、集美大学、理工学院、台湾艺术大学、台北实践大学、台湾东海大学等组织选派共计超过两百余名志愿者先后参与5次筹备会议,他们亲身感受到文创发展的无穷魅力,使本届两岸大学生创意文化节真正成了"大学生的节日"。

2014年10月26日"首届海峡两岸大学生创意文化节"启动仪式,厦门国际会议中心D厅会议室座无虚席。全国政协委员、中国文联副主席刘兰芳女士,厦门市委宣传部常务副部长张萍女士,市委宣传部副部长、市委文明办主任黄鹤麟先生,市民政局局长刘平先生,市文学艺术界联合会党组书记林起先生,思明区人民政府副区长程欣女士,市文化广电新闻出版局副局长许向明先生,市文化改革发展领导小组办公室副主任戴志望先生,市缔造办副主任林勇鹏先生,市政府对台事务办公室处长孙丽玲女士,市民政局民间组织管理局局长石好荣先生等领导应邀出席。台湾著名音乐人、著名闽南语歌曲《爱拼才会赢》词曲作者陈百潭先生,《人民文学》副主编邱华栋先生,台湾文化创意交流协会理事长段湘麟先生,财团法人台湾文创发展平台基金会许雅惠女士,台湾部落瞭望台国际交流协会理事长马菘先生,大陆新锐导演周文武贝先生,大陆著名版权经纪人魏童先生,畅销书作家、《深海里的星星》作者独木舟女士以及56位国内文创代表,近600位两岸优秀师生代表等出席此次盛会。

同时,"2014年首届海峡两岸大学生创意文化节"也吸引了包括福建电视台、海峡卫视、厦门电视台、厦门卫视、XM－6移动电视、世通华纳－移动电视、中国日报、福建日报、厦门日报、厦门晚报、海峡都市报、海峡导报、海西晨报、经济交通广播、闽南之声、风尚94旅游广播、人民网、中国台湾网、腾讯大闽网、猫扑网、新浪网、小鱼网、凤凰网等在内的众多媒体关注和报道。

四、主要不足

首届活动仍存在一些问题,主要表现在:

在"2014年首届海峡两岸大学生创意文化节"开展过程中,有些项目就是项目组长一个人或者带一两个人来完成的,并没有发挥其他工作人员的作用。工作上也存在不细心,背景板报设计存疏漏,嘉宾接送对接不到位等问题。同时,在项目组中应该注入更多良性竞争机制和沟通机制,激发团队成员的创造性和工作的积极性。

五、2015 年工作思路和计划

日前,在"2014 年首届海峡两岸大学生创意文化节"总结会上,厦门市大学生文化创意协会发起人、常务副会长沐小嘿先生提出:"2015 年第二届海峡两岸大学生创意文化节"将延续首届一主多分的形式,由启动仪式、大学生文化创意论坛、大学生创意组图设计大赛(新增)、大学生创意营销大赛(新增)、大学生文创志愿者走进社区(新增)、文创发现之旅等项目组成,进一步丰富"海峡两岸(厦门)大学生创意文化节"的活动形式及文化内涵,预计参与人数将超过万人。

海峡两岸大学生创意文化节"下一个五年计划"。希望在"2015年第二届海峡两岸大学生创意文化节"活动开展过程中,组建大学生志愿者服务队,开展大学生文创志愿者进社区服务,为社区组织各类公益性及文创活动,让两岸大学生深入社区,为全市空巢老人、生活困难老人、年幼孩童,开展文创、文娱、上门慰问等服务。

厦门市大学生文化创意协会也将加大力度协调各街道、社区,组织大学生文创志愿者为广大社区居民带去丰盛的文化大餐,形成社会各界广泛参与文创的良好格局。让每年参与"海峡两岸大学生创意文化节"人数逐步上升;让参与人群不再仅仅是大学生,让更多年逾古稀的长者和学龄前的娃娃也能参与其中,使文化创意活动成为两岸全民性内容最丰富的社区群众文化活动。

执笔:李明伟

2014 年 11 月 15 日

蓝皮书

Zhengce Cuoshi

政策措施

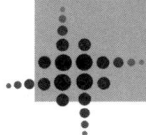

厦门市扶持民营实体书店发展暂行办法

厦文发办〔2014〕25 号

第一条　为推进本市公共文化服务体系建设和文化产业发展,鼓励和扶持民营实体书店健康持续发展,服务"美丽厦门"战略规划,结合本市实际,制定本办法。

第二条　本办法所称民营实体书店(以下简称"书店"),是指在本市注册登记,持有《出版物经营许可证》,有固定经营场所,从事图书、报纸、期刊、音像制品、电子出版物发行零售业务的民营或民营控股企业。

第三条　厦门市民营实体书店发展资金纳入市级文化产业发展专项资金统筹安排,专门用于对书店的补助、贴息、奖励等。

第四条　专项资金的管理和使用应当符合国家和省市公共文化服务体系建设和文化产业发展相关政策,坚持"诚实申报、科学管理、公开透明、择优支持"的原则。

第五条　申请专项资金扶持的书店应当具备以下条件:

(一)营业场所面积原则上不低于 30 平方米(不包含仓库),出版物的经营面积占总营业面积的比例原则上不低于 60%;

(二)具有一定的社会影响、品牌价值或专业特色;

(三)出版物发行为其主营业务,出版物销售收入占比不低于50%;

蓝皮书

（四）遵纪守法、文明经营，服从、配合新闻出版行政部门的监管，最近二年内按期参加并通过年度核验，未受到各级新闻出版行政部门行政处理，且无其他与经营有关的违法记录。

第六条 本办法所扶持的是运营正常、可持续经营的书店。本办法对下列书店给予适当倾斜：

（一）与市政建设和文化建设规划配套的出版物发行网点建设项目；

（二）对行业发展具有引导推动作用，能产生良好社会效益和经济效益的出版物发行网点建设项目；

（三）具有一定社会影响和文化底蕴，并得到社会广泛认可，为提升社区及城市文化品位做出积极贡献的出版物发行企业；

（四）适应城市规划建设进程需要提升改造的传统书店；

（五）引领阅读风尚，参与支持我市开展的各类阅读活动，对全民阅读活动具有积极促进作用的文化项目或品牌。

第七条 专项资金分四种方式资助符合条件的书店。

（一）项目补助。根据申请单位全年举办、承办各项活动的总体情况和社会效果，具体补助金额一般为实际财务发生额的80％，年最高补助金额不超过10万元。

（二）贷款贴息。主要适用于对有偿还能力的书店进行场所改造建设、专业设备更新等业务领域拓展时所发生的银行贷款利息予以补贴。根据申请单位实际贷款的利息总额，给予30％～50％的贴息金额。贴息期限原则上为1年，最多不超过2年，每家实体书店的贴息补助总额不超过50万元。

（三）成本补贴。主要适用于书店房租、装修等日常运营费用。根据申请单位实际支付的房租、装修等费用，给予25％补贴，采取一年申报一次的方式，每家书店每年的补贴总额不超过30万元；若书店场地本身已经享受公房租金优惠或其他政策性优惠措施，原则上不再申请此项资金。

（四）特色奖励。主要适用于对长期坚守发行业阵地，为读者提供持续服务的书店，或具有"专""精""特""新"特色的书店进行奖励，一次最高奖励金额每家书店不超过 20 万元。

第八条　符合条件的书店申请专项资金，应当提供以下材料：

（1）扶持项目申请表；

（2）企业法人营业执照（复印件）；

（3）税务登记证（复印件）；

（4）组织机构代码证（复印件）；

（5）经营场所（含经营出版物的书店面积）证明文件（复印件）；

（6）缴纳的税费凭证（复印件）；

（7）其他相关材料。

第九条　对于第七条所列四种资助方式，同一年度，每个企业最多只能申请其中两种方式；已通过其他渠道获取财政资金支持的项目，专项资金不再重复支持。

第十条　由市文化改革发展工作领导小组办公室（以下简称"市文发办"）牵头市委宣传部、市财政局、文广新局、统计局等部门组成审核工作小组，负责民营实体书店资金扶持项目、扶持金额和扶持方式的审核工作；市文广新局负责组织实施本市民营实体书店专项资金的申报工作。

专项资金申报公告及申报程序如下：

（一）每年的 2 月上旬，市文发办、财政局和文广新局发布厦门市民营实体书店扶持项目申报公告。

（二）书店按照自愿原则，根据上年度自身运营情况，选择扶持资金的种类，于每年 3 月 31 日前，向所在区文体出版局提出书面申请，并按照真实、准确和完整的原则填报有关申请表格，提供相关材料。

（三）区文体出版局对书店提供的材料进行初审，出具意见，于每年 4 月 15 日前，将相关表格及重要依据材料汇总提交至市文广新局。

（四）市文广新局会同市出版物发行业协会，对各区汇总提交的申报材料进行复审，拟定补助单位、项目名称、扶持方式和补助金额并报审核工作小组审核；经审核工作小组审核通过的书店名录、项目名称、扶持方式和补助金额在市政府网、厦门网、厦门文化产业网和市文广新局网站向社会公示，接受社会监督。公示的时间为10个工作日，每年6月30日前完成全部初审、复审、审核和公示工作。

（五）经公示无异议的书店名录、项目名称、扶持方式和补助额度报市文化改革发展工作领导小组审定；由市文发办、财政局和文广新局联合发文，资金直接拨付书店。拨付时间最迟不超过每年的7月31日。

第十一条　市国土资源与房产管理局、市政园林局等部门从直管公房或公园闲置的房产中，选择适合书店经营的场所，优先配置给经审定的书店。具体出租方式及租金标准、优惠措施等按照公房管理部门的有关政策规定执行。

第十二条　书店应如实提供申请材料。对于以虚假手段骗取专项资金的或国有低租金场所转作其他用途的，一经查实，审核工作小组有权撤销扶持项目，并追回补助资金；情节严重的，依法追究相应责任。

第十三条　本办法由厦门市文化改革发展工作领导小组办公室和市文化广电新闻出版局负责解释。

第十四条　本办法自2014年1月1日起施行，有效期五年。

厦门市文化改革发展工作领导小组办公室
厦门市财政局
厦门市文化广电新闻出版局
2014年12月11日

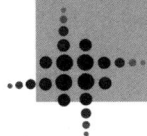

厦门市文化广电新闻出版局厦门市财政局关于印发厦门市繁荣商业演出市场试行办法的通知

厦文广新〔2014〕484 号

各区文体出版（文体出版旅游、文体广电出版旅游）局、各区财政局，各有关单位：

经市政府同意，现将《厦门市繁荣商业演出市场试行办法》印发给你们，请遵照执行。

厦门市文化广电新闻出版局　　厦门市财政局

2014 年 8 月 14 日

厦门市繁荣商业演出市场试行办法

为了深入贯彻省、市关于加快发展文化产业的战略部署，进一步繁荣厦门市商业演出市场，丰富人民群众的精神文化生活，拉动休闲文化消费，提升城市文化品位，结合本市实际，特制定繁荣商业演出市场试行办法。

一、商业演出是指以营利为目的、为公众举办的现场文艺表演活动。本市从事商业演出的文艺表演团体、演出经纪机构、演出场

蓝皮书

所经营单位享有与其他类别文化经营单位的同等政策待遇。

二、鼓励具有演出资质的企业、机构和演出团体，从事商业演出活动。鼓励演出举办单位降低票价，吸引更多观众观看商业演出，做大商业演出市场规模。政府相关管理部门根据商业演出类型、演出规模和演出效益，对举办商业演出给予适当财政补贴或奖励。

三、凡在本市举办4 000人以上至1万人（含）的商业演唱会，按演出举办单位的单场售票收入的1.8％奖励；举办1万人以上的商业演唱会，按演出举办单位的单场售票收入的2.4％奖励。对举办单位单场奖励金额不超过其举办单场演出所产生的流转税的地方级留成部分。

四、在本市500座以上剧场举办商业演出的，单场票房收入4万元～10万元（含）给予演出举办单位1万元奖励，单场票房收入10万元以上给予演出举办单位2万元奖励。

五、鼓励本市非专业演出场馆在符合技术安全条件下，承接大型商业演出，提高场馆利用率，降低场租费用，积极提升配套服务水平。对于举办4 000人以上至1万人（含）、1万人以上大型商业演出的场所经营单位，每场次分别予以1万元、2万元奖励。

六、加大演出市场宣传推广。市财政每年安排一定资金用于资助本市演出宣传手册及厦门市演艺信息宣传平台，推动厦门演出市场发展。

七、鼓励本市现有的（展）场馆进行技术改造，进一步满足商业演出功能需要。在建及规划中大型体育场馆、展馆的建设，应与大型多功能演出场馆建设相结合，充分考虑大型商业演出功能需求。

八、提倡尊重艺术、尊重艺术家的劳动，树立健康、文明的文化消费观，反对任何单位和个人向演出举办单位索要赠票。

九、支持市演出行业协会积极开展工作，市演出行业协会应加强市场引导、品牌宣传、行业自律、协调沟通，推动演艺产业健康、快速发展。

　　十、演出举办单位及场所经营单位申请财政资金补贴或奖励的,应于每年1月31日前将上年度申报材料送市演出行业协会汇总,申报材料包括:书面申请、演出批文、商业演出完税凭证、演出合同、票务系统出具的商业演出票务证明等。经市文广新局进行初审,符合条件的报送市财政局审核拨付。已享受财政特定补贴的,不得重复享受补贴奖励。同一演出单位、同一场馆每年奖励上限25场次。

　　十一、本办法由厦门市文广新局、厦门市财政局负责解释。

　　十二、本办法自发布之日起试行,有效期一年。

蓝皮书

Dashiji

大事记

小城记忆

厦门嘉影动漫有限公司出品

大事记

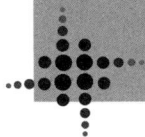

2014 年度厦门市文化改革发展工作大事记

1 月

▲1 月 2 日,由中国田径协会、厦门市人民政府主办,由 CCTV 5、厦门市体育局、厦门广播电视集团共同承办,厦门文广传媒集团有限公司下属厦门广播电视产业发展有限公司为品牌运营机构的 2014 建发厦门国际马拉松赛圆满举办。自 2005 年首次创办至今,已连续 11 年运营厦门国际马拉松赛,并成功助推厦门国际马拉松赛连续 9 年(2008—2016)获得"国际田联路跑金牌赛事"。2014 年参赛人数 77080 人。

▲1 月 3 日,北京电影学院(以下简称"北影")福建(厦门)培训基地揭牌,北影副校长、北影中国动画研究院院长、中国电影家协会动画电影工作委员会会长、中国动画学会副会长孙立军来到厦门,并在揭牌仪式后与福建省相关高校及业界精英代表举行"助推福建影视动漫"等内容的研讨会,宣布北影启动"福建计划"。作为北影培训中心在校外设立的第一家非学历学位的培训分支机构,北影福建(厦门)培训基地将致力于为福建省电影、电视、网络、传媒、动画等信息传播领域培养应用型人才。

▲1 月 4 日—15 日,由厦门 SM 新生活广场与 798 时代空间海西事业部联手举办的 2014 生活家·厦门艺术节在厦门 SM 新生活广场举行,本次艺术节共有九个展览、"艺术与设计跨界论坛"

艺术论坛及一个少儿艺术工作坊,九个展览分别是:吴冠中版画展、北欧艺术展、海峡两岸陶瓷艺术邀请展、马的艺术展、福建青年艺术沙龙展、"限量"艺术展、微个展、央美青年艺术沙龙展和公共艺术展。798时代空间海西事业部从国内众多著名艺术家和中央美院等名校毕业生中,挑选出中国最具潜力的新兴艺术家创作的国画、雕塑、油画、水彩、版画、陶瓷、生活美学产品等,还有来自北欧的艺术家所带来的反映北欧生活的作品。"艺术生活化,生活艺术化"是本次活动的主旨,也是SM新生活广场举办这次活动的目的,除了优雅而艺术的休闲环境外,也提供给热爱生活、爱好艺术的朋友们一个宽广的平台,将艺术与生活完美融合,泛植于所有人心中。

▲1月17日,"闽南最强音"——第七届海峡两岸闽南语原创歌曲歌手大赛决赛圆满落下帷幕,厦门市翔安区文化馆工作人员洪秋燕再次技压群芳摘得桂冠,获得此次赛事的金奖。厦门市领导叶重耕、黄诗福、黄强、潘世建到场观看比赛并为获奖选手颁奖。海峡两岸闽南语原创歌曲歌手大赛已经成功举办了六届,由厦门市文化广电新闻出版局主办。

▲1月18日—24日,厦门市翔安区文化馆携手翔安区书法家协会在马巷镇文化中心和新店汇景购物广场分别举行了四场"美丽厦门幸福翔安"群众文化之旅之"福联贺春"赠写春联活动,为翔安百姓送去了新春的祝福。

2 月

▲2013年12月30日—2014年2月16日,由中国美术家协会、厦门市人民政府主办的2013中国(厦门)漆画展在厦门美术馆举办。画展为全国漆画艺术界提供了一个交流平台,反映了全国漆画艺术家近年来对漆画艺术的创作探索和漆画创作思想的改

变,吸引了来自全国各地的漆画艺术家和众多艺术爱好者前来参观。

▲1 月 30 日—2 月 28 日,厦门市博物馆举办了《闽台墨宝——厦门市博物馆馆藏闽台书画珍品展》,精选 83 幅两岸书画名家作品展出,如张瑞图的《行草条幅》、周凯的《水墨山水条幅》、李霞的《三仙醉酒》、甘国宝的《指墨猛虎大中堂》、马兆麟的《设色山水屏幅》等。

▲2 月 6 日,由中共厦门市委、厦门市人民政府主办,翔安区人民政府、厦门市文化广电新闻出版局共同承办的"厦门市 2014 元宵灯会文艺演出翔安专场"在杏林湾畔的园博苑举行。

▲2 月 9 日,为纪念邓小平同志题词三十周年,厦门市委在特区纪念馆二楼会议室举行了一场座谈会。会前市委书记王蒙徽、市长刘可清带领市委、市府领导班子及老领导邹尔均、洪永世等同志,参观了特区纪念馆二楼邓小平同志视察厦门陈列室,瞻仰了邓小平同志题词塑像,深切缅怀小平同志对厦门经济特区建设发展的亲切关怀和殷切嘱托。王蒙徽书记还对征集恢复"鹭江号"的内部格局及当年船上物品和照片等提出具体要求。

▲2 月,厦门市唯一专门汇聚本土演艺行业资讯的公益性刊物《厦门演艺资讯》创刊,并迅速投放到厦门航空港、码头、演出场馆、星级酒店、大型商城等公共场所。该刊物由厦门市文广新局委托厦门市演艺协会承办出版,每年 6 期,32 开本,铜版纸制作。每期将滚动发布即期 3 个月全市演艺信息,将为广大游客在厦进行文化休闲消费提供资讯服务。

▲2 月 15 日—18 日,由国家新闻出版广电总局统一组织、厦门市文广新局承办的全市新闻单位采编人员首次岗位"国考"开考。此次考试是自 2013 年 12 月以来,在对所有新闻单位采编岗位人员开展为期 2 个月集中培训、资格审查基础上进行的。厦门市、区两级新闻单位及国家级报社驻厦记者站 1081 名采编人员通

过资格审查,其中 149 人符合免试条件,896 名新闻采编人员参加了考试。

▲2 月 24 日,厦门市翔安区马巷镇"舫山书院康乐大讲堂"举办了党的十八届三中全会解读会。市委党校原常务副校长施凤堂教授做题为《全面深化改革的伟大部署—十八届三中全会〈决定〉解读》。舫山书院作为翔安最古老的文化活动场所,每年举办道德讲堂等文化培训、讲座上百场,丰富群众文化生活。

▲2 月 26 日—3 月 4 日,由中国美术学院、厦门市翔安区文联主办,厦门市翔安区文化馆承办的"当代中国画名家高鸿作品展"在翔安区文化馆展厅展出。展出高鸿近期中国画精品 150 余幅,内容涵盖山水、花鸟、人物等。此次展览既为各地书画家们搭建了相互交流的平台,也丰富了市民的业余文化生活。

3 月

▲3 月 3 日,由厦门文化改革发展工作领导小组办公室和厦门日报联合发起的"2013 厦门文化产业年度风云榜"颁奖典礼评选结果揭晓。厦门市文化产业领域的 30 家企业获评"卓越企业"、10 位个人荣获"风云人物"称号、另有 10 个事件入选"年度影响力事件"。"2013 厦门文化产业年度风云榜"作为厦门文化产业领域内权威性最强、专业度最高的评选,旨在挖掘具有示范性、影响力的文化企业,树立厦门文化产业的标杆,营造厦门文化产业创业创新氛围。

▲3 月初,福建省新闻出版广电局通报了 2013 年对全省 18 个县(市、区)的农家书屋巩固提升工作开展抽查的评选结果。厦门市农家书屋项目获得最高分,其中海沧区 94 分、翔安区 85.5 分,海沧区被评为优秀等级,名列全省第一。

▲3 月上旬,在第十一届中国包装印刷产品质量评比活动中,

厦门市获得金奖 10 个、银奖 8 个、铜奖 15 个。本次评比,全省获金奖产品 17 个,厦门市获金奖数占全省获金奖数的 58.8%。

▲3 月 13 日,中央电视台 4 套《远方的家》栏目到厦门市翔安区新圩镇金柄村采访拍摄省级非遗项目拍胸舞表演。本次拍摄恰逢金柄村炎帝(仙祖)诞辰,摄像机不但记录了闽南民俗节日喜庆场面和拍胸舞的精彩表演,还通过镜头让观众进一步了解闽南民俗文化艺术。

▲3 月 26 日—4 月 18 日,应新加坡韭菜芭城隍庙的邀请,厦门歌仔戏研习中心派团赴新加坡韭菜芭城隍庙进行为期 20 天的商演。新加坡人力代部长、国会议员陈川仁准将、中国驻新加坡大使馆文化参赞肖江华、南非驻新加坡大使海蜇尔·关宾妮女士等到场观看演出,演出现场座无虚席。

▲3 月 28 日—29 日,由厦门广播电视集团文广影音有限公司策划摄制、厦门首部央视"定制"的大型人文纪录片《远去的王船》(上下集)在中央电视台纪录频道(CCTV 9)首播,向全国和全球观众展现了闽台民俗活动"送王船"的独特魅力及鹭岛风土人情。播出后,收视率高于该周同时段平均收视率 30%,收视份额高于同时段平均收视份额 10%。

4 月

▲4 月 8 日,"星云大师一笔字书法展——2014 中国大陆巡回"在厦门市博物馆开幕。这是"星云大师一笔字书法展"首次在厦门展出,也是本年度大陆巡回的春季首展。佛光山开山宗长、国际佛光会世界总会会长星云大师,厦门市领导陈修茂、钟兴国、臧杰斌、国桂荣等以及来自两岸文化界、艺术界、宗教界等嘉宾出席了开幕式。展览至 5 月 4 日结束,展览期间免费向观众开放。

▲4 月 11 日,大型电视纪录片《鼓浪屿往事》在鼓浪屿海天堂

构别墅开拍。该片由鼓浪屿管委会与厦门广电集团联合摄制,拟摄制 5 集,每集 45 分钟。以鼓浪屿的历史脉络为线,以中西文化融合为主题,以人物的故事和命运为载体,以近代中国走向现代文明的进程为背景,形成一部既立足于大历史、大视野,又细腻具体、真实感强的鼓浪屿影像志。2014 年下半年,厦门市政府联合中央电视台首次举办"厦门国际纪录片节",《鼓浪屿往事》作为主办方摄制的纪录片精品重点推出,并在中央电视台播出。

▲4 月 18 日,第七届海峡两岸(厦门海沧)保生慈济文化旅游节在厦门海沧青礁慈济祖宫广场举行开幕式。厦门市委副书记钟兴国和台湾台中市副市长黄国荣等出席,来自台湾、香港、东南亚等地的 800 余名嘉宾莅临共襄盛举,活动至 4 月 20 日结束。本届文化旅游节以"健康 慈济 和谐"为主题,以"打造文化品牌,促进两岸交流"为使命,节俭办会,大胆创新,以"美丽厦门共同缔造"理念组织活动,充分彰显两岸特色。

▲4 月 19 日,大陆首个南台湾演播厅——厦门卫视高雄演播厅在高雄正式启用。这是继在台北开设演播厅后,厦门卫视在开展两岸新闻交流、推进两岸媒体合作中又一新的突破。厦门市委常委、宣传部长叶重耕及高雄新闻局局长丁允恭、台湾华视总经理王麟祥分别致辞,十余家来自大陆的驻台媒体与台湾当地新闻界的朋友出席启动仪式。高雄演播厅的正式启用将进一步扩大和深化厦门卫视在两岸交流、交往中发挥桥梁与纽带的作用。

▲4 月中旬,由中国电视艺术家协会卡通艺术委员会、天下动漫风云榜组委会共同主办的"2012—2013 天下动漫风云榜"评选揭晓。厦门大拇哥动漫股份有限公司摘得"年度动漫新锐——蔡凡"、"年度衍生产品——大拇哥家族品牌童装"两项大奖。

▲4 月 24 日,厦门市在文化艺术中心西广场设立厦门分会场,与全国、全省同步举行侵权盗版及非法出版物集中销毁活动暨"绿书签行动"系列宣传活动启动仪式。市"扫黄打非"、区"扫黄打

非"有关机构及基层社区、相关行业、群众代表共 280 多人参加。此次活动集中销毁各类侵权盗版及非法出版物共计 79003 件,其中,侵权盗版和非法音像制品、软件及电子出版物 62560 件,侵权盗版和非法图书、报刊 16443 件。

▲4 月 26 日,位于厦门市鼓浪屿鼓声路 5 号的鼓浪屿贝壳博物馆正式开馆向市民游客开放。该馆由防空洞改造而成,收藏 6800 余种来自世界各地的珍稀贝壳。

▲4 月下旬,全国文化先进单位复查组一行到厦门市同安区、湖里区进行全国文化先进单位复查工作。复查组通过听取汇报、查阅资料、问卷调查、实地考察等方式对厦门市湖里区、同安区进行复查验收,对两区荣获"全国文化先进单位"以来的工作给予充分肯定。自 1991 年以来,文化部授予福建省的全国文化先进县、全国文化先进地区、全国模范地区、全国文化先进单位共 16 个单位。厦门市同安区和湖里区分别于 2000 年和 2009 年获得"全国文化先进单位"荣誉称号。

5 月

▲5 月 2 日,著名文艺评论家仲呈祥教授应邀来厦观摩闽南风情舞蹈诗《沉沉的厝里情》并给予充分肯定。他希望该舞蹈诗经过精雕细刻,力争成为中华民族舞蹈诗剧史上具有里程碑意义的传世之作。

▲5 月 2—3 日,2014 年"缔造美丽翔安"百场文艺进村居系列演出走进新圩镇古宅村和云头村。由吕塘戏校的演员们为村民表演精彩的戏剧节目,把文艺盛宴送到村民家门口。

▲5 月 9 日—14 日,第 21 届 BeSeTo(中韩日)戏剧节在厦门成功举办。本届戏剧节由中国文联担任指导单位,中国戏剧家协会、厦门市人民政府主办。中韩日三国艺术院团及专家约 340 人

参与演出和 22 场学术论坛、演出剧目现场研讨会等活动。

▲5 月 10 日—18 日,厦门市文化广电新闻出版局和北京市春常在文化传播中心主办的纪念邓小平同志诞生 110 周年《爱我中华》书画展在厦门市美术馆隆重展出。

▲5 月 12 日,福建省新闻出版广电局通报了全省 2013 年度广播影视重点工作目标考核结果。厦门市文广新局在全部 5 项重点工作目标考核中以总分 98.92 的优异成绩,位于全省 9 个设区市局中前列。

▲5 月 15 日,厦门广播电视集团卫视广告公司受邀至北京,参加由《品牌杂志》主办、中国广告协会学术委员会协办的 2014 中国品鼎论坛暨中国品鼎年度大奖颁奖盛典。经评审,卫视广告公司荣获"2013 中国品鼎・广告运营突破力全场大奖"。

▲5 月 16 日,第八届福建省武夷奖青年演员比赛结果揭晓。厦门市专业艺术院团演职员斩获佳绩,共获得金奖 9 个、银奖 15 个、铜奖 18 个,并首次获得青年演员比赛通俗声乐唱法金奖。其中,音乐舞蹈类方面获得金奖 6 个、银奖 11 个、铜奖 15 个;戏剧曲艺和戏剧器乐类方面获得金奖 3 个、银奖 4 个、铜奖 3 个。新人辈出也是本次比赛的一大特点,全市 9 名金奖获得者中,6 名选手都是首次获得金奖。

▲5 月 17 日—18 日,2014 海峡两岸(集美)龙舟文化节成功举办。集美龙舟赛从 2011 年开始已升格为国家级赛事,2012 年的赛事已纳入国家体育总局赛历和中国龙舟协会的年度赛事计划。赛事由国家体育总局社会体育指导中心、中国龙舟协会、政协厦门市委员会、福建省体育局主办,厦门市体育局、集美区人民政府、集美校委会、厦门广电集团承办。

▲5 月下旬,由厦门市美术馆主办的"海峡云水——厦门市美术馆馆藏台湾黄云溪艺术作品展"成功入选 2014 年全国美术馆馆藏精品展出季活动,并于 8 月 20 日—9 月 19 日在厦门市美术

馆展出。

▲5 月 25 日,2014 海峡两岸独木舟邀请赛在厦门市同安区举办。来自内地、香港、澳门、台湾等地的独木舟精英参赛,配套举办水上嘉年华活动。

▲5 月 25 日,和谐中华·第五届海峡两岸经典文化推广会演暨 2014 年第二届厦门市海峡两岸孝亲节活动在厦门市举行,副市长倪超出席活动。参加活动的有 1500 多人,分别来自厦门、台湾、漳州、南安等地。活动分为经典文化会考和文化会演两大部分,有 476 名考生参加经典文化会考。

▲5 月下旬,由中宣部文艺局、人民网、新华网和光明网联合举办的"我们的中国梦——讲述中国故事"文艺作品征集活动结果揭晓。由厦门市集美区委宣传部与厦门音像出版有限公司联合制作的动画系列剧《陈嘉庚的故事》脱颖而出,成为入选的 51 件全国重点推荐作品之一。

▲5 月 26 日,由厦门广播电视集团文广影音有限公司制作的动画《陈嘉庚的故事》在央视少儿频道播出。该剧入选 2013 年度"原动力"中国原创动漫出版扶持计划,入选 2013 年福建省优秀出版物,入选由中宣部主办的"我们的中国梦——讲述中国故事"文艺作品展播视频类重点推荐作品。并于 5 月 26 日在央视少儿频道《银河剧场》栏目播出。

▲5 月 28 日上午,厦门市文广新局召开全市宗祠文化普查工作动员会,传达《福建省文化厅关于开展全省宗祠文化普查工作的通知》文件精神。公布了厦门市宗祠文化普查工作实施方案,定于 2014 年 6 月至 12 月进行全市宗祠文化普查。

▲5 月 31 日—6 月 2 日,第三届两岸文化遗产资源保护论坛在厦门理工学院举办。来自海峡两岸的 80 多位专家学者共同参与探讨文化遗产资源的保护与共建,围绕两岸农林渔及手工技艺文化遗产资源生产性保护与两岸对接项目、古村落保护与旅游产

蓝皮书

业开发中的资源产权问题、民俗文化遗产资源田野调查、文化遗产传承人的保护等进行专题研究。

6 月

▲6月1日,由中国田径协会、甘肃省体育局、兰州市人民政府共同主办,兰州市体育局承办,厦门广播电视产业发展有限公司进行品牌运营的2014兰州国际马拉松赛于6月1日上午八点鸣枪开赛。来自28个国家和地区的40606万名运动员和长跑爱好者参加赛事。

▲6月11日,由全国政协港澳台侨委员会、福建省政协、河南省政协、中国河洛文化研究会联合举办的第十二届河洛文化研讨会在厦门市举行。研讨会以"河洛文化和闽南文化"为主题,深入探讨河洛文化和闽南文化在海峡两岸交流中的独特作用。

▲6月12日,首届海峡两岸设计活动周在厦门市海峡两岸龙山文创园拉开帷幕。活动系2014年海峡论坛的配套活动之一,活动周主题是"设计·价值·服务"。主要内容包括国际大学生手表设计大赛、国家照明设计师培训认证活动及毕业典礼、工业设计高峰论坛、两岸优秀设计作品展览等四大活动板块,展现海峡两岸独特的设计魅力。

▲6月13日,作为第六届海峡论坛重要配套活动之一的第六届海峡影视季在厦门闽南大戏院举行颁奖典礼。国台办副主任叶克冬、福建省委常委宣传部长李书磊与两岸影视界知名人士、影视明星等上千人出席活动并讲话。《一九四二》和《兰陵王》分别获得最受台湾观众欢迎的大陆电影和电视剧两大奖项,《被偷走的那五年》获得最受两岸欢迎的两岸合拍影片。由国家新闻出版广电总局和福建省政府联合主办、台湾有关机构参与主办的此项两岸影视交流活动,是历届海峡论坛的重要活动内容之一,已成为两岸影

视合作交流的最大品牌活动和两岸影视产业合作洽谈的平台。

▲6 月 15 日,"故宫珍藏——慈禧的瓷器"在厦门市博物馆展出。本次展览由故宫博物院、厦门市文广新局主办,厦门市博物馆承办。精选故宫博物院所藏清代同治、光绪朝官窑瓷器精品 100件(套),展期为 3 个月。

▲6 月 11 日—16 日,由厦台两地有关机构举办的"凤凰木新力量 2014 两岸空间艺术周"在厦门市美术馆举行。为两岸室内设计行业献上一场令人耳目一新的设计盛宴、艺术盛宴、文化盛宴。

▲6 月 13 日—17 日,由厦门广播电视集团文广影音有限公司执行举办了第六届海峡论坛·两岸特色庙会。该庙会围绕"味道中华·香飘两岸"主题,着力打造"两岸一家亲·共圆中国梦"品牌,吸引广大市民游客到海沧逛庙会、吃美食、赏美景。

▲6 月 14 日,厦门市第九个文化遗产日系列宣传活动启动仪式在市文化馆举行。市人大、市政府、市政协领导及非遗传承人、受表彰单位和个人、非遗专家、市区两级文化系统干部及各界群众等数百人参加活动。本次文化遗产日系列宣传活动举办了播放市闽南文化生态保护实验区建设工作专题片,表彰市闽南文化生态保护实验区建设先进单位和个人,为市非物质文化遗产专家颁发聘书,宣布第三批省级非物质文化遗产代表性传承人名单,观赏市非物质文化遗产展演团精彩演出,文物知识问答等活动。各区文体局、鼓浪屿管委会等单位举行相应宣传活动,为推进全市文化遗产保护宣传工作营造良好氛围。

▲6 月 16 日,由厦门歌舞剧院、厦门歌仔戏研习中心两个专业艺术院团组成的"乡音之旅"巡演交流团一行 76 人前往台湾南部,开始为期 11 天的巡演交流活动。"乡音之旅"是由厦门市文广新局、厦门市中华文化联谊会主办的对台文化交流项目。自 2012年首次赴台湾中南部巡演以来,深受台湾中南部民众的好评。

▲6 月 21 日—23 日,由思明区、南安市和台南市三地联办了

海峡两岸郑成功文化节。参加的台湾嘉宾超过 400 人。此次文化节以"中国梦·两岸情"为主题,包括少儿闽南语电视讲古大赛、延平郡王两岸颂典、闽南民俗阵头大踩街等系列活动。

▲6 月 23 日,由厦门广播电视集团文广影音有限公司与厦门市集美区委宣传部共同摄制的十三集动画系列剧《陈嘉庚的故事》荣获"我们的中国梦—讲述中国故事"福建文艺作品征集活动优秀作品奖。

▲6 月 25 日,厦门市召开创建全国版权示范城市考核验收工作汇报会。国家版权局版权管理司对厦门市创建工作给予高度肯定,并希望厦门市继续发扬成绩,进一步提高知识产权和版权的保护水平。

▲6 月 27 日—7 月 1 日,2014 海峡两岸民间艺术节暨彰化传统音乐戏曲节在台湾彰化举办。海峡两岸民间艺术节自 2004 年创办以来,每年举办一届,2014 年是第十一届,也是此项活动首次入台举办。本届艺术节邀请大陆和台湾文化艺术团体、专家学者、新闻媒体等约 850 人参与各项活动,共安排 29 场演出,涵盖歌仔戏、高甲戏、梨园戏、木偶戏、昆曲、南音、北管、客家戏、南管舞蹈、戏曲音乐、"鳌龙鱼灯"民间阵头等 11 个艺术门类。艺术节期间举办了 3 场学术交流座谈会,两岸相关演出团体还进行了多场联谊活动,以戏会友,增进交流。厦门市厦门歌仔戏研习中心、厦门市金莲升高甲剧团、厦门市南乐团、台湾艺术研究院等参加了艺术节活动。

7 月

▲7 月 1 日,厦门广播电视集团文广影音有限公司摄制的大型人文纪录片《远去的王船》获第十六届福建省电视艺术奖长篇纪录片三等奖。

▲7月初,应三明市邀请,厦门市文广新局及市公共文化服务专家一行赴三明市举办创建国家公共文化服务体系示范区培训班,并积极开展山海区域文化联动工作。此次培训与交流推广,有力推动了厦门、三明两地创建国家公共文化服务体系示范区工作,促进了山海区域文化联动工作的开展。

▲7月初,福建省委、省政府印发《关于颁发福建省第七届百花文艺奖的决定》。厦门市专业艺术院团 4 件作品榜上有名,其中:厦门小白鹭民间舞艺术中心的舞蹈诗《沉沉的厝里情》荣获荣誉奖,厦门歌仔戏研习中心的歌仔戏《荷塘蛙声》、厦门艺术学校的舞蹈《海上民谣》获一等奖,厦门金莲升高甲剧团的高甲戏《淇水寒》获三等奖。福建省百花文艺奖是福建省最高级别的综合性文艺大奖。

▲7月 3 日,由中央电视台,中共海沧台商投资区党工委、投资区管委会,中共海沧区委、区政府,海沧区广播电视台联合摄制的 3 集纪录片《海沧》在厦门电视台首播。2014 年是海沧台商投资区设立 25 周年,该纪录片以独特的表现手法,讲述了海沧台商投资区从偏居一隅的小渔村发展成为两岸同胞融合"新家园"的沧桑巨变的故事。该纪录片将在福建电视台综合频道、厦门卫视、东南网、台海网和台海网络电视台播出。

▲7月 4 日,厦门市文广新局率市图书馆、市文化馆等赴宁德开展文化交流合作活动。厦门市图书馆与宁德市图书馆达成并签订《馆际合作协议》,双方将在管理和服务经验、文献资源交换、开展联合参考咨询服务、活动资源共享、展览巡展合作等方面进行合作,实现经验互通、资源共建共享。厦门市图书馆还向宁德市图书馆捐赠了 2000 余册的图书,1411 种图书种类。双方还就群众文化活动等公共文化建设及文化产业发展进行了座谈与交流。

▲7月 13 日,由福建省文化厅、省文联主办,省美协承办,市美术馆协办的全国第十二届美术作品福建选拔展在厦门市美术馆

隆重开展。展出国画、油画、版画、水粉、水彩作品近 300 件。中国美协副主席许钦松、中国美协副主席曾成钢,中国美协党组副书记、秘书长徐里以及全国美协十二届美展专家组成员一行,在福建省美协党组书记张作兴、福建省文联副主席王来文的陪同下与福建省参展作者参观了展览,并参加展览座谈会。与会专家高度评价福建美术的发展,尤其肯定了福建在当代艺术、漆画和工笔画方面取得的成就,同时指出了在国画、油画、版画、水粉、水彩创作中存在的问题,探索今后的努力方向。

▲7 月 18 日,第八届"海峡两岸闽南语原创歌曲歌手大赛"在厦门拉开帷幕。本届大赛由厦门市文化广电新闻出版局主办,厦门市非物质文化遗产保护中心、厦门广播电视集团广播中心承办,比赛的宗旨为"推出好歌新歌,唱响海峡两岸"。希望通过比赛,进一步深入挖掘海峡两岸闽南文化区域闽南语流行音乐创作、演唱人才,进一步推广闽南语流行音乐。本次比赛从 7 月开始,11 月底结束,8、9 月分别在厦门、漳州、泉州举办 3 场首场音乐会,入围前十名的作品将通过厦门音乐广播、闽南之声广播、泉州刺桐之声广播、台湾亚洲广播网、金门金马之声电台进行密集展播和推广。获奖作品还将通过专业的编曲和录音进行包装制作,发行作品专辑。

▲7 月 30 日,由厦门广播电视集团文广影音有限公司投资拍摄的三十五集古装神话剧《神医大道公前传》在央视八套黄金档播出。该剧于 2013 年 7 月份在海沧青礁慈济祖宫开机,同年 10 月于横店杀青,拍摄历时 3 个月。已将台湾版权预售给台湾民视。

8 月

▲8 月 4 日,厦门市文化改革发展工作领导小组办公室公布了 50 家入选 2014—2015 年度厦门市重点文化企业的名单。此次

评选是由厦门市文化改革发展工作领导小组办公室牵头,市经发局、财政局、建设与管理局、商务局、文广新局、工商局、统计局、信息化局、火炬高新区管委会和各行政区以及厦门市文创协会共同参与。

▲8 月 6 日—11 日,厦门市文化广电新闻出版局组织赴新疆昌吉州开展"春雨工程——厦门文化志愿者新疆行"系列活动。主要有启动仪式、图书馆自动化和数字图书馆建设培训、图书馆业务交流活动、基层业务辅导、"闽南印象"专题图片展等 5 项专题活动。本次"春雨工程——厦门文化志愿者新疆行"系列活动,是厦门市与昌吉州首次大规模的公共文化暨图书馆业务交流活动。

▲8 月 8 日,厦门市同安区举办陈化成武术节。通过举办武术大赛和系列健身活动,纪念民族英雄陈化成的英雄事迹,提高全区武术运动水平,营造全民健身的良好氛围。

▲8 月 15 日—19 日,2014 年第七届厦门国际动漫节在厦门国际会展中心 M、R、Q 厅举办。本届动漫节以"中国风·最厦萌"为主题,充分挖掘新亮点,不断丰富活动内容,力求办成"专业人士交流的平台、动漫爱好者的年度盛会、招商引资的载体"。

▲8 月 17 日,第三届厦门网络文化节在厦门文化艺术中心美术馆落幕。本届网络文化节以"美丽厦门 e 缔造"为主题,着力弘扬社会主义核心价值观,讲述"美丽厦门"建设中的好故事。

▲8 月中旬,厦门市文广新局、市财政局联合印发《厦门市繁荣商业演出市场试行办法》(以下简称《办法》)。《办法》鼓励具有演出资质的企业、机构和演出团体做大商业演出市场规模,并按照商业演出类型、演出规模和演出效益给予适当奖励。同时,每年安排专项资金用于制作《厦门演艺资讯》,分发至机场、码头、酒店、写字楼和演出场馆,加大演出市场宣传推广力度。该《办法》是国内首个较为系统的商业演出鼓励办法,将有力拉动文化消费,繁荣活跃商业演出市场,提升旅游城市文化品位。

蓝皮书

▲8月中旬,国家版权局正式发文,授予厦门市"全国版权示范城市"称号,厦门成为福建省首个、全国第七个创建成功的全国版权示范城市。

▲8月18日,苏颂文化节在厦门市同安区洪塘镇启动,结合党的群众路线教育实践活动配套举办了网络灯谜大赛、海峡两岸灯谜邀请赛、廉政文化六进、清廉执政系列讲座等系列活动。进一步深挖苏颂文化内涵,传承发扬传统文化,打造历史名人名家文化品牌。

▲8月25日,2014年全国美术考级厦门考区招考工作正式启动。设有中国画、素描、书法、色彩、速写、儿童色彩、漫画和硬笔书法8个科目。各科考场、主考场设在厦门市美术馆。11月1日全天进行各个科目的考试。为方便岛外考生,2014年厦门考区继续设立岛外分考场,岛外分考场设在同安区文化馆。

▲8月下旬,厦门电影《侨女日记》入选教育部、国家新闻出版广电总局《第33批向全国中小学生推荐优秀影片片目》。《侨女日记》是一部讲述当代校园故事的青春励志电影,由中共集美区委宣传部与厦门皓月文化传媒有限公司联合摄制,全程在集美拍摄。影片巧妙地将嘉庚精神、李林事迹融入当代中学校园故事之中,再现了抗日民族女英雄、新中国"双百"人物李林感人事迹和精神,用精致的影视语言诠释了"中国梦"在过去和现在的具体形态。该电影于2014年5月份在全省影院上映。

▲8月,福建省新闻出版广电局、福建省文学艺术界联合会联合举办第十六届福建省电视艺术奖公布获奖作品大会,厦门市7家单位24个项目获奖。厦门青鸟动画有限公司《魔力星星狐》、厦门大拇哥动漫股份有限公司《家族使命》、厦门利根思动漫有限公司《毛毛王之空间超能力》分获动漫作品一二三等奖。

9 月

▲9 月 3 日,2014"中华情·中国梦"美术书法作品展在厦门市美术馆开幕。本次作品展以"中华情·中国梦"为主题,集中展示了近 600 件书画精品,为观众呈现了一场富有艺术气息的文化盛宴。海峡两岸关系协会顾问、海协会书画交流分会理事长陈云林,中国文联副主席、书记处书记左中一,中国文联副主席、全国政协常委覃志刚,中国文联副主席、中国电影家协会副主席奚美娟和市领导刘可清、国桂荣等出席了开幕式。展览还特别邀请刘大为、冯远、欧阳中石、张海、张光宾等海峡两岸书画名家为展览创作作品。台湾地区参展书画作品 266 件,汇集了台湾 22 个县市代表性书画家的作品,是历年来台湾地区参展书画作品数量最多、涵盖面最广的一次。书画展在厦门展览后于 11 月份到金门巡展,这是"中华情·中国梦"系列活动第一次到台湾地区举办。

▲9 月 9 日,文化部办公厅给厦门市人民政府发来《感谢信》。信中就厦门市在"2014 海峡两岸民间艺术节"筹备及举办期间的出色表现给予充分肯定和高度评价,并表扬了厦门市文广新局。

▲9 月 20 日,厦门市金莲陞高甲剧团在北京国家大剧院献演新编高甲喜剧《阿搭嫂》。新版《阿搭嫂》强调树立剧种本体意识,尽量寻找人无我有、人有我巧、人少我多的演剧方式及素材和手法,努力追求厦门地方戏曲艺术的"新美味"。《阿搭嫂》曾荣获第十一届中国戏剧节剧目奖及第三届全国地方戏优秀剧目(南北片)展演二等奖等荣誉。

▲9 月 20 日上午,由中国田径协会、河北省体育局、衡水市人民政府共同主办,河北省体育局田径运动管理中心和衡水市体育局承办,厦门广播电视产业发展有限公司进行品牌运营的 2014 衡水湖国际马拉松赛暨全国马拉松锦标赛(第 5 站)在享有"京津冀

最美湿地"之称的河北省衡水湖畔成功举办。来自中外 20 多个国家的逾万名选手参赛。

▲9 月 22 日,厦门市文广新局召开党组中心组理论学习(扩大)会议,集中学习《习近平总书记系列重要讲话读本》中《创造中华文化新的辉煌——关于建设社会主义文化强国》篇目,并就厦门市推进文化体制改革、创新文化事业文化产业发展思路作出部署。

▲9 月 28 日,孔子文化节在厦门市同安区孔庙举行。其间配套举办了祭孔大典、经典诵读、灯谜展猜、"朱熹在同安"学术讲座、儒学文化体验等活动,全方位展示同安深厚历史人文底蕴,营造文明和谐的社会氛围。

10 月

▲10 月 12 日,由国务院台湾事务办公室指导,中国宋庆龄基金会、厦门市文化交流协会、思明区人民政府、中华文创发展协会(台湾)、云扬天际文化艺术机构联合主办的"第五届海峡两岸少儿美术大展"在市美术馆开展。本次展出来自大陆、台湾、香港、澳门地区 500 余幅画作。

▲10 月 14 日—12 月,由厦门广播电视集团文广影音有限公司承办的 2014 海峡两岸(厦门)乐活节成功举办。厦门携手台湾,以"两岸一家亲、共建新家园"为主题,让"乐活"的理念深入两岸人民的生活。

▲10 月 24 日—27 日,由国台办、文化部、国家新闻出版广电总局、福建省人民政府共同主办,厦门市人民政府和台湾亚太文化创意产业协会共同承办,厦门广播电视产业发展有限公司进行品牌运营的第七届海峡两岸(厦门)文化产业博览交易会在厦门会展中心举行。本届文博会秉承"一脉传承,创意未来"的主题,进一步体现了"突出两岸、突出产业、突出投资、突出交易"的办展宗旨,取

得成效。

▲10 月,厦门广播电视集团移动电视频道制作的《最厦门》、《浯屿开渔》和《糖公益的故事》分别获 2013 年中国移动电视创优评析创优优秀栏目类节目一等奖、创优生活服务节目类节目二等奖和中国移动电视创优评析创优新闻专题二等奖。由中国广播电视协会颁奖。

11 月

▲2014 年 11 月 1 日,由海沧区政府主办,厦门广播电视产业发展有限公司进行品牌运营的"首届海峡两岸(厦门海沧)女子半程马拉松赛"在厦门海沧圆满举办。

▲11 月 8 日,为期 4 天的 2014 厦门国际设计营商周闭幕。从本届开始,厦门广播电视广告有限公司开始全面介入运营,设计。展区展览总面积达 7300 平方米,囊括了荣获 2014 产品设计红点奖和传达设计红点奖的产品总计 156 件。同时亮相的,还有来自德国、意大利、丹麦、瑞士、法国、土耳其、泰国、加拿大、印度、日本、韩国、新加坡以及台湾、香港等 15 个国家和地区的 16 家红点获奖设计机构和 11 家红点获奖企业。

▲11 月 13 日,移动电视喜获国家新闻出版广电总局颁发的《国家新闻出版广电总局关于同意厦门市电视台开办移动数字电视频道的批复(新广电函〔2014〕55 号)》,同意移动电视办理无线电台执照。

▲11 月 19 日,福建乡村同安茶乡越野跑在军营村、白交祠村启动。来自全国各地 200 多名越野跑爱好者参加比赛,近千人参与体验茶乡文化。

▲11 月 20 日,由厦门市文广新局组织的 3 区广播电视台新闻类节目评议会在厦门同安区举办。这是一次融合节目评议、横

向交流与业务培训为一体的新尝试。3 家广播电视台采编播人员通过互动和交流,在与兄弟台节目进行横向比较的同时,既看到本台节目的特色、优势,也找出自身的不足和差距,进而增强做好本台新闻节目、服务好本区中心工作和争创品牌栏目的信心。

▲11 月 28 日—12 月 1 日,由厦门文广传媒集团有限公司承办,厦门广播电视广告有限公司全程执行的 2014 厦门国际时尚周在厦门文化艺术中心和龙山时尚中心举行。整个活动以设计为内核,引导厦门纺织服装产业转型升级,凝聚时尚之都的内涵与外延,建立厦门与国际的时尚对话机制。打造了一个既能引领厦门服装产业系统性提升,又能兼具国际化色彩的时尚盛典。

12 月

▲12 月 7 日,开闽王民俗文化节在厦门市同安区北辰山启动,其间举办祭祀大典、"闽南美食汇"美食风情展、闽王文化研讨会、非遗节目表演等活动,以缅怀开闽王的丰功伟绩,传承弘扬优秀传统文化。

▲12 月 12 日—14 日,由厦门市文广新局、市教育局、市文联主办,市南乐研究会、市南乐团、市非物质文化遗产保护中心承办的厦门市第十七届南音唱腔比赛在南音阁举行。经过 3 天的激烈角逐,圆满落下帷幕。本届南音比赛在原有的比赛项目上增设了南音专业器乐组、南音器乐少年组和南音唱腔专业组等。来自全市 6 个区的南音社团、中小学和专业院团近 200 人报名参加,年龄最小的 4 岁,最大的 80 岁,比赛的报名人数、规模、节目质量皆超过了往届。南音唱腔比赛每年举办一届,至今已圆满举办了 17 届。

▲12 月 29 日,厦门市同安区结合汀溪温泉节举办汽车越野赛。全国知名赛车俱乐部云集同安,提升汀溪温泉旅游的知名度,打造富有同安特色的体育竞技名片。

▲12 月 30 日，为期 8 个多月的第十二届福建音乐舞蹈节活动在福州圆满落下帷幕。自 2014 年 5 月启动，厦门市比赛总成绩荣登全省榜首，创下了历史最佳纪录，共获得各类奖项 56 个，优秀节目奖、节目奖、创作奖一等奖、表演奖一等奖所获奖项数量均居全省各地区之首。厦门市文广新局荣获"优秀组织奖"。

蓝皮书

Tongji
Ziliao

统计资料

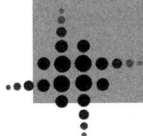

2014 年度厦门市文化产业发展统计数据

厦门市文化产业主要经济指标

	从业人员（万人）	主营业务收入（亿元）	资产总计（亿元）
全　市	21.90	754.39	923.68
三上企业	5.97	459.69	412.31
规模以上文化制造业	3.75	300.30	213.23
限额以上文化批零业	0.32	67.68	38.56
重点文化服务业	1.90	91.71	160.52

注：1.本表全市数据为省统计局反馈数据。

2.规模以上文化制造业：指《文化及相关产业分类（2012）》所规定行业范围内，年主营业务收入 2 000 万元及以上的工业法人企业。

3.限额以上文化批零业：指《文化及相关产业分类（2012）》所规定行业范围内，年主营业务收入 2 000 万元及以上的批发法人企业和年主营业务收入 500 万元及以上的零售法人企业。

4.重点文化服务业：指《文化及相关产业分类（2012）》所规定行业范围内，年营业收入 1 000 万元及以上（其中，文化、体育和娱乐业为 500 万元及以上）或年末从业人员 50 人及以上的重点服务业法人企业。

文化产业主营业务收入分企业类型图示

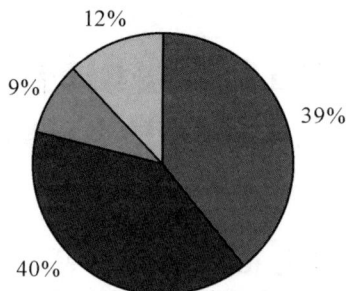

- 规模以下文化企业和文化个体经营户
- 限额以上文化批零业
- 规模以上文化制造业
- 重点文化服务业

规模以上(三上)文化企业分行业主要经济指标

	单位数(家)	从业人员期末人数(人)	女性(人)	营业收入(万元)	主营业务收入(万元)	营业税金及附加(万元)	主营业务税金及附加(万元)	资产总计(万元)
合　计	336	59 719	27 463	4 627 580	4 596 913	29 404	28 269	4 123 104
一、新闻出版发行服务	10	2 504	960	92 600	87 690	1 784	1 727	185 622
二、广播电视电影服务	13	763	356	37 246	35 269	865	850	89 443
三、文化艺术服务	4	344	144	3 816	3 815	138	106	64 865
四、文化信息传输服务	17	4 471	1 938	219 573	218 850	1 842	1 842	166 118
五、文化创意和设计服务	98	7 230	2 717	411 605	410 240	5 314	5 286	455 827
六、文化休闲娱乐服务	25	2 964	1 602	71 181	70 657	6 930	6 421	257 499
七、工艺美术品的生产	41	4 653	2 510	276 990	276 011	2 122	2 060	225 081
八、文化产品生产的辅助生产	67	8 589	3 471	523 301	516 368	4 993	4 860	878 316
九、文化用品的生产	56	16 029	7 086	2 527 128	2 516 889	2 420	2 120	1 352 566
十、文化专用设备的生产	5	12 172	6 679	464 140	461 125	2 998	2 998	447 770

规模以上（三上）文化企业分区主要经济指标

分 类		从业人员期末人数（人）	女性（人）	营业收入（万元）	主营业务收入（万元）	营业税金及附加（万元）	主营业务税金及附加（万元）	资产总计（万元）
合 计	三上企业	59 719	27 463	4 627 580	4 596 913	29 404	28 269	4 123 104
	规模以上文化制造业	37 513	17 801	3 021 401	3 002 979	7 109	6 895	2 132 280
	限额以上文化批零业	3 164	1 591	679 278	676 792	2 273	1 990	385 578
	重点文化服务业	19 042	8 071	926 901	917 142	20 023	19 383	1 605 246
思明区	三上企业	18 923	8 114	1 246 281	1 234 988	19 549	19 198	1 522 586
	规模以上文化制造业	1 538	684	57 735	57 576	426	424	53 761
	限额以上文化批零业	1 785	839	403 496	401 194	2 161	1 879	252 361
	重点文化服务业	15 600	6 591	785 051	776 218	16 962	16 894	1 216 464
海沧区	三上企业	6 735	2 733	633 292	626 598	2 533	2 379	659 150
	规模以上文化制造业	5 797	2 330	569 663	563 013	1 957	1 831	574 755
	限额以上文化批零业	291	125	45 346	45 346	33	33	43 009
	重点文化服务业	647	278	18 284	18 239	543	515	41 386
湖里区	三上企业	16 882	8 965	769 953	765 644	4 723	4 723	650 331
	规模以上文化制造业	14 558	7 882	483 187	479 218	3 222	3 222	499 735

蓝皮书

续表

分类		从业人员期末人数（人）	女性（人）	营业收入（万元）	主营业务收入（万元）	营业税金及附加（万元）	主营业务税金及附加（万元）	资产总计（万元）
	限额以上文化批零业	875	512	190 864	190 766	53	53	66 117
	重点文化服务业	1 449	571	95 901	95 661	1 448	1 448	84 480
集美区	三上企业	3 340	1 671	141 881	139 192	1 023	890	272 558
	规模以上文化制造业	2 696	1 360	96 475	94 395	590	533	177 031
	限额以上文化批零业	152	82	34 624	34 539	25	25	23 188
	重点文化服务业	492	229	10 781	10 258	408	332	72 340
同安区	三上企业	4 528	2 702	130 732	129 436	1 096	599	297 498
	规模以上文化制造业	3 613	2 267	108 900	107 722	434	405	106 018
	限额以上文化批零业	61	33	4 948	4 948			904
	重点文化服务业	854	402	16 884	16 766	662	194	190 576
翔安区	三上企业	9 311	3 278	1 705 441	1 701 056	481	481	720 980
	规模以上文化制造业	9 311	3 278	1 705 441	1 701 056	481	481	720 980
	限额以上文化批零业							
	重点文化服务业							

规模以下文化企业分行业主要经济指标

	调查单位数（家）	从业人员期末（人）	女性（人）	营业收入（万元）	主营业务收入（万元）	营业税金及附加（万元）	主营业务税金及附加（万元）	资产总计（万元）	实收资本（万元）
合　计	2 090	29 473	13 080	1 821 832	1 754 431	22 044	21 922	2 418 940	2 376 246
一、新闻出版发行服务	35	689	287	12 555	12 524	61	58	14 536	5 208
二、广播电视电影服务	33	554	263	12 213	11 473	346	332	17 924	9 103
三、文化艺术服务	112	1 079	569	38 286	38 192	1 593	1 567	178 023	37 840
四、文化信息传输服务	196	2 750	1 168	28 915	28 744	452	430	60 132	147 510
五、文化创意和设计服务	293	6 671	2 286	341 272	340 024	1 783	1 760	233 644	261 355
六、文化休闲娱乐服务	133	1 213	590	15 704	15 628	12 038	12 037	107 317	45 695
七、工艺美术品的生产	47	1 540	956	24 940	24 335	157	157	27 640	19 232
八、文化产品生产的辅助生产	653	8 303	3 649	227 172	163 381	4 581	4 557	289 768	143 630
九、文化用品的生产	554	5 969	2 952	1 104 881	1 104 377	932	922	1 469 026	1 695 073
十、文化专用设备的生产	34	705	360	15 896	15 752	101	101	20 930	11 600

注：1.规模以下文化企业根据省统计局下发的文化企业名单有 5 107 家，实际调查数 2 090 家。此表根据调查数汇总取得。

2.规模以下文化企业统计工作由市文广新局，市工商局，市通信管理局，市旅游局，市会展局，市经信局，市建设局，市教育局，市农业局、火炬高新区管委会及市区统计局共同完成。

抽样调查的文化个体经营户分区主要经济指标

	从业人员期末人数（人）	雇员支出（万元）	税费（万元）	总支出（万元）	营业收入（万元）
合　计	549	11 346 761	805 040	86 238 382	111 394 780
思明区	214	5 124 340	326 410	13 414 570	18 677 870
海沧区	61	663 000	75 750	2 068 719	5 763 400
湖里区	82	1 361 200	108 400	62 457 800	65 675 200
集美区	77	1 608 621	80 500	2 783 193	8 314 910
同安区	97	2 396 600	186 320	4 894 500	11 908 400
翔安区	18	193 000	27 660	619 600	1 055 000

注：文化个体经营户调查采用抽样调查的方式采集数据，名单由省统计局确定下发。此表根据抽样调查数汇总取得。

　　中国人习惯以十为一个记录单元,甲骨文象用一根树枝代表十;金文象是结绳记数,用一个结表示十,后来一点变成了一横,即为今日之"十"。十之数释义为齐全和完备,如"十足""十成";形容冲锋陷阵英勇善战:"十荡十决";形容完美、毫无欠缺:"十全十美";形容多年刻苦磨炼、厚积薄发:"面壁十年""十年磨剑"。因此在中国人的心中,"十"是一个吉祥数字,每逢十周年一般要庆祝和回顾。十年不仅是一个记录单元,还是一个心理预期的总结。

　　伴随厦门市文化改革发展进程,"厦门文化改革发展蓝皮书"丛书不知不觉已编到了十期。2006 年 3 月,为深入贯彻党中央、国务院《关于深化文化体制改革的若干意见》的精神,厦门市第一部文化体制改革与文化发展的蓝皮书面世。从蓝皮书发布之日起历经十年,虽然编委会的领导和成员有一些变化,但是蓝皮书始终坚持先进文化传播的正确导向,始终坚持服务厦门市改革发展的大局,始终坚持推动厦门市文化体制改革和文化产业发展的宗旨。十年来,在市委、市政府领导的亲切关怀下,在历任编委会主任的指导下,在编委会同人的共同努力下,"厦门文化改革发展蓝皮书"系列丛书已经成为厦门市文化体制改革的经验汇编,政策发布和解读的可靠读本,是探寻文化体制改革和文化产业发展规律的基本读物,更是文化产业界人士的参考范本。

　　《2015 年厦门文化改革发展蓝皮书》的编辑和发行,得到了厦门市委、市政府领导及各职能部门和有关单位的大力支持。市委常委、宣传部长、市文化改革发展工作领导小组副组长叶重耕同志担任"厦门文化改革发展蓝皮书"丛书编委会主任,副市长国桂荣同志担任编委会副主任,市委宣传部部务会成员担任编委会成员,指导全书的编辑出版工作。市统计局为本书提供了年度统计资料和分析报告,青鸟动画有限公司、厦门时代华亿动漫有限公司和嘉影动漫有限公司提供了插图设计,厦门大学出版社对本书的出版给予了大力支持。

沐浴着十八大的春风,行进在新的历史时期,美丽厦门生机盎然的文化建设局面正在形成,"厦门文化改革发展蓝皮书"丛书见证了这一文化变革历史,收获了丰硕的成果,将奉献更多的精彩。

编委会

2015 年 10 月 14 日

蓝皮书

图书在版编目(CIP)数据

2015 年厦门文化改革发展蓝皮书/黄鹤麟,戴志望主编.—厦门:厦门大学出版社,2015.11
ISBN 978-7-5615-5805-8

Ⅰ.①2…　Ⅱ.①黄…②戴…　Ⅲ.①文化事业-体制改革-白皮书-厦门市-2015②文化发展-白皮书-厦门市-2015　Ⅳ.①G127.573

中国版本图书馆 CIP 数据核字(2015)第 278226 号

官方合作网络销售商：

厦门大学出版社出版发行

(地址:厦门市软件园二期望海路 39 号　邮编:361008)
总 编 办 电 话:0592-2182177　传真:0592-2181406
营销中心电话:0592-2184458　传真:0592-2181365
网址:http://www.xmupress.com
邮箱:xmup @ xmupress.com
厦门集大印刷厂印刷
2015 年 11 月第 1 版　2015 年 11 月第 1 次印刷
开本:720×1000　1/16　印张:15.25　插页:4
字数:260 千字　印数:1~1 200 册
定价:60.00 元
本书如有印装质量问题请直接寄承印厂调换